Table des matières

Ici on parle français

Oslo
Norvège
Stockholm
Suède
Copenhague
Ecosse
Mer du Nord
Irlande du Nord
Danemark
Pays-Bas
Dublin
Belfast
Allemagne
Irlande
La Haye
Angleterre
Pays de Galles
Bonn
Londres
Luxembourg
Bruxelles
Belgique
Vienne
Paris
Autriche
Chartres
Zurich
Océan Atlantique
Suisse
France
Val d'Aoste
Monaco
Italie
Andorre
Corse
Portugal
Rome
Madrid
Lisbonne
Baléares
Espagne
Sardaigne
Sicile
Mer Méditerranée
Tunis
Alger
Tunisie
Rabat
Maroc
Afrique
Algérie

iv

Camarades 2

Martine Pillette
Niobe O'Connor

Camarades

Stage 2
Pupil's Book
Teacher's Resource File
Teacher's Book
Flashcards
Cassettes (5)

Design: Wendi Watson, Southampton, Hants.
Illustrations: Jacqueline East, Linda Jeffrey

The authors and publishers would like to thank the following people without whose support we could not have created **Camarades 2**:
Nathalie Froux for native speaker consultation
Teresa Huntley, Annie Singer and Caroline Woods for detailed advice throughout the writing
Caroline Woods and Steven Crossland for creating and writing the assessment programme
Phil Horsfall and Annie Singer for advice on the assessment sections
David Buckland for writing the IT section

The authors and publishers also acknowledge the following for permission to use photographs: Eye Ubiquitous (Martinique, fishing, p3) French Picture Library (Euralille complex, p18) Obie Oberholzer (Caribbean, p23) Trinidad and Tobago Tourist Information Office (Steel Band, p23) Keith Gibson (discothèque, p52) Pictorial Press Limited (Sherlock Holmes, p61) King Features Syndicate (Popeye lost in Van-Gogh land, p61) Rex Features Ltd (Bart Simpson, p63) Thames Television (Mr Bean, p63) Eurodisney (Mickey and Minnie Mouse, p74) Corbis Licensing (Leni Riefensthal, p79; 45,000 ton Canberra in dry dock, p79; Radio Exhibition at Olympia, p79) C.D.T Eure-et-Loir (La maison Picassiette, p95) Trip Photographic Library (La Géode, p98) La Cité des sciences et de l'industrie (le planétarium, p98; le détecteur oculaire, la bulle sonore, Mirage iv, p99) Eurostar (UK) Ltd (Eurostar train, p114) Editions Milan (Le guide des vacances enfants–ados, p143) Centre Régional Information Jeunesse – Montpellier (1996 Guides des Projets Jeunes, p143) Emma Lerwill and David Kyle (various)
Cover photo: Spectrum Colour Library

In some cases it has not been possible to trace copyright holders of material reproduced in **Camarades 2**. The publishers will be pleased to rectify any omissions at the earliest opportunity.

Recorded at Gemini Studios by Sylvie Salahuddin, Anne Schaffner, Thomas Creasey, Maxime Gautier-Niriella, David Glasgow, Catherine Mamy and Stéphanie Tollemache under the direction of Daniel Pageon; produced by Graham Williams.

First published by Mary Glasgow Publications 1997
ISBN 0 7487 2342 0

00 01 / 10 9 8 7 6 5

Mary Glasgow Publications
An imprint of Stanley Thornes (Publishers) Ltd
Ellenborough House, Wellington Street, Cheltenham, GL50 1YW

A catalogue reference is available from the British Library.

Printed and bound in China by Dah Hua Printing Press Co. Ltd.

Camarades 2 avec la classe de 5e2 vous dit...

Bonjour!

Le français, c'est facile avec *Camarades!*

Each *Camarades 2* Unit has...

▶ 12 spreads from **A** to **L** with clear titles

▶ a picture story (bande dessinée) running throughout the Unit

▶ 🔑 for the key words and phrases

▶ 🔍 for the new grammar

▶ ▼ for tips to help you understand and use French better

▶ 📼 listening activities

▶ 🗣 speaking activities

▶ 📖 reading activities

▶ 📓 writing activities

▶ ◆ easier activities

▶ ♣ more challenging activities

▶ ***Point Langue*** pages for grammar practice

▶ **ATELIER** pages for fun

Bonne chance!

Martine Pillette   *Niobe O'Connor*

UNITÉ

Une visite de la Martinique

A Une visite de la Martinique

La Martinique, c'est une île.

C'est dans les Caraïbes.

La capitale s'appelle Fort-de-France. C'est dans l'ouest de la Martinique.

La Martinique est une ancienne colonie française. On parle français.

- Regarde les images.
- Ecris vrai ou faux.
  1 La Martinique est une ville.
  2 Fort-de-France est une ville.
  3 On parle français en Martinique.
  4 Fort-de-France est dans le nord de la Martinique.
  5 Il y a beaucoup de touristes en Martinique.

La Martinique est idéale pour le tourisme.

2 • Lis la lettre de Carole et regarde les dessins.
• Choisis **a** ou **b**.

a

2a
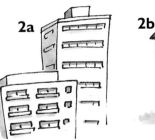

2b

3a

b

3b

4a

4b

5a

5b

> Salut Ludivine!
> J'arrive en France le 7 septembre.
> J'ai 12 ans. On est six dans ma
> famille: moi, mes parents, et trois
> frères et sœurs. J'habite dans un
> appartement à Fort-de-France.
> J'ai une chambre avec ma sœur. On
> a un lapin blanc, Fifi, et deux oiseaux.
> Au collège, j'adore la géo et le
> dessin. Je n'aime pas les sciences.
> Comme loisirs, j'aime la natation et
> le cinéma. Et toi?
> A bientôt
>
> Carole

3 • Ecoute Carole. • Choisis les photos.

Exemple: **1 = c**

a

b

c

d

e

f

B J'ai les cheveux bruns

1 • Lis la bande dessinée et trouve la phrase correcte.
1 Carole a un copain: il s'appelle Julien.   3 Ludivine a un copain: il s'appelle Julien.
2 Ludivine a un frère: il s'appelle Julien.   4 Carole a un frère: il s'appelle Julien.

2 Ludivine a beaucoup de copains au collège.
• Fais correspondre **1-6** et **a-f**.

Exemple: **1 = f**

1 J'ai les cheveux bruns et les yeux bleus.

4 J'ai les cheveux blonds et les yeux marron.

2 J'ai les cheveux noirs et les yeux bruns.

5 J'ai les cheveux bruns et les yeux gris.

3 J'ai les cheveux roux et les yeux marron.

6 J'ai les cheveux blonds et les yeux verts.

a   b   c   d   e   f

3 • Ecoute Madame Star, actrice de cinéma.
◆ • Choisis la couleur.
♣ • Ecris la couleur et le jour.
Exemple: **1 = c**
Exemple: **1 = c, mardi**

a b c d e

Lentilles de contact

4
- Travaillez à deux.
- Regarde les dessins de l'exercice 2.
- A : Décris un dessin.
- B : Devine.

A — *Il a les cheveux bruns et courts. Il a les yeux bleus.*

Dessin f! — B

A — *Oui. Un point!*

Avoir (*to have*) ▶▶ p.8 ▶▶ p.147
Singulier : j'ai   tu ?   il ?   elle ?

Tu es comment? Il est comment, ton frère? Elle est comment, ta sœur?		
J'ai Il a	les yeux	bleus/gris/verts marron
Elle a	les cheveux	blancs/noirs blonds/bruns/roux (assez) longs (très) courts

 5
- Ecoute la cassette et trouve les quatre cousins de Carole.
- ◆ • Ecris la bonne lettre.   ♣ • Fais ◆ et écris l'âge.

Exemple: **1 = d**   *Exemple:* **1 = d, 14 ans**

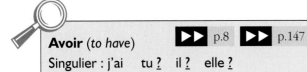

a   b   c   d   e

 6
- ◆ • Fais correspondre **1-3** avec les dessins **a-e** (exercice 5).
- Ecris la bonne lettre.
  1 Il est grand. Il a les cheveux bruns, assez longs, et les yeux marron. Il a 17 ou 18 ans.
  2 Il a les cheveux très courts. Il a les yeux marron. Il est petit. Il n'est pas blond.
  3 Il n'a pas les cheveux bruns. Il a les cheveux blonds et les yeux bleus. Il a environ douze ans.
- ♣ • Lis le paragraphe.
- Cherche les quatre <u>mots soulignés</u> dans le dictionnaire.
- Trouve le bon dessin.

Il est assez grand. Il préfère les cheveux blonds, mais il a les cheveux bruns. Ses cheveux sont assez longs maintenant, mais ils ne sont pas <u>frisés</u>. Il n'a pas de <u>frange</u>. Il a les yeux assez <u>foncés</u>. Ils sont marron et très ronds. Il a une petite <u>bouche</u>. Il a beaucoup de copains parce qu'il est amusant. Il ne va pas au collège maintenant: il travaille.

 7 *A toi !*
- Fais une description au choix:
  – toi (j'ai...)
  – une star ou un masque de carnaval
- Illustre ta description avec un dessin ou une photo.

C Ta classe est sympa?

C'est comment, ton collège? Ta classe est sympa?

Oui, regarde! Ça, c'est Thierry. Il est timide mais sympa.

Grégory est très drôl et un peu embêtant

1
- Fais correspondre le français et l'anglais.
  Exemple: **drôle = funny**

drôle	sympa	travailleur
	paresseux	embêtant
bavard	timide	sportif

sporty	chatty	lazy
shy		friendly	funny
	annoying	hard-working

- Lis la bande dessinée. Qui t'intéresse le plus: Thierry, Grégory, Magalie ou Valérie?

Tu es comment?	Je suis/Je ne suis pas	sympa/drôle/timide
Il est comment, ton frère?	Il est/Il n'est pas	embêtant, embêtante bavard, bavarde
Elle est comment, ta sœur?	Elle est/Elle n'est pas	paresseux, paresseuse travailleur, travailleuse sportif, sportive

2
- Ecoute 1-4.
- Complète la grille. *Exemple1*:

Prénom	Personnalité	Sports/loisirs	Matière
Alicia	bavarde sportive	athlétisme judo	maths

On prononce bien -eux/-euse   -eur

Ecoute: paresseux
travailleur

Répète: les cheveux   les yeux   paresseuse
professeur   ordinateur   ma sœur

3
- Travaillez à deux.
- A : Regarde les réponses de l'exercice 2.
- B : Travaille de mémoire.

A   *Il est travailleur. Il aime la géographie. Il...*

C'est Mahmoud!   B

A   *Correct. Un point!*

Là, c'est Magalie. Elle est un peu bavarde mais très travailleuse.

Ça, c'est Valérie. Elle est un peu paresseuse, mais c'est la sportive de la classe!

J'aime bien ta classe! On va au collège à quelle heure demain?

4 Carole décrit ses copains Leila et Sébastien.

◆ • Lis **A**.
• Recopie et complète les phrases **1** et **2** avec des adjectifs de 🔑.
  1 Leila est... **2** Leila n'est pas...
Exemple: **Leila est sympa,...**

♣ • Lis **A** et **B**.
• Trouve les différences.
Exemple: **Sébastien est sportif, mais Leila n'est pas sportive.**

A
– Leila est sympa?
– Ah, oui. Très sympa!
– Elle aime le sport?
– Non, elle préfère la musique.
– Elle travaille bien en classe?
– Pas beaucoup, mais elle est très drôle et elle adore parler.

B
Sébastien est aussi dans ma classe. Sébastien et moi, on fait souvent du vélo et on va au stade. Il travaille bien, mais il n'aime pas les sciences: il embête le prof! Mais en général, il ne parle pas beaucoup: il est calme. Il est honnête et très sérieux.

5 • Recopie et complète la chanson avec des adjectifs qui riment.
• Ecoute la chanson... et chante!

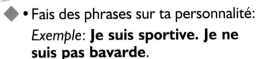

Madame Aristide est timide
Monsieur Masseur est...
Madame Vareuse est...
Monsieur Fernand est...
Mademoiselle Rive est très...
Monsieur Degas n'est pas...
Ah, là, là, quel hazard.
Mes professeurs sont bien bizarres!

6 *A toi!*
◆ • Fais des phrases sur ta personnalité:
Exemple: **Je suis sportive. Je ne suis pas bavarde.**

♣ • Fais ◆ et écris un paragraphe sur une autre personne.

D *Point Langue*

AVOIR (to have)   ETRE (to be)

 p.147

1 • Lis la dialogue et complète la case:

— Carole, dans ton collège, vous avez une piscine?
— Non, mais nous avons un petit stade.
— Vous êtes sportifs dans ta classe?
— Sébastien et moi, nous sommes sportifs. Leila préfère jouer de la guitare.

we have	= ?	we are	= ?
you have *(plural)*	= ?	you are *(plural)*	= ?

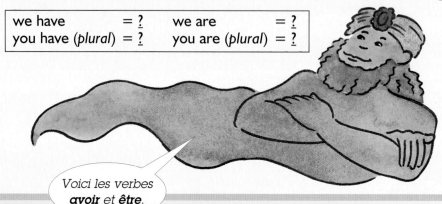

*Voici les verbes **avoir** et **être**.*

AVOIR *(to have)*

j'ai	I have
tu as	you have *(s)*
il/elle a	he/she has
Carole a	Carole has
on a	one has
nous avons	we have
vous avez	you have *(pl.)*
ils/elles ont	they have

ETRE *(to be)*

je suis	I am
tu es	you are *(s)*
il/elle est	he/she is
Julien est	Julien is
on est	one is
nous sommes	we are
vous êtes	you are *(pl.)*
ils/elles sont	they are

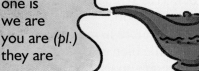

2 L'interview continue.

◆ • Complète 1-7 avec: 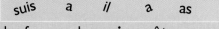 suis   a   *il*   a   as   as   est

♣ • Complète 1-11 avec des formes de **avoir** ou **être**.
• Invente une interview sur un collège. Utilise **avoir** et **être**.

— Carole, dans ton collège, tu (**1**) une bibliothèque?
— Oui, et on (**2**) un club de lecture à midi.
— Le collège, il (**3**) dans le centre de la ville?
— Non, (**4**) est à 500 m.
— Ah? Moi, dans mon collège, je (**5**) dans le centre.
— Et tu (**6**) un stade? Dans le centre ville?
— Non, un gymnase. Mais on (**7**) un bus pour aller au stade Drouot.
— Vous (**8**) beaucoup dans ta classe?
— Nous (**9**) trente-deux.
— Vous (**10**) des profs sympas?
— En général, oui. Nous (**11**) un prof de technologie très drôle.

ATELIER

Le Club des Jeunes cherche un(e) responsable pour les 10-12 ans.

• Travaillez par groupes de trois à cinq.

Voici la grille pour les exercices 1-3.

Prénom	Yeux	Cheveux	Personnalité	Sports/loisirs	Autres détails

 1 • Ecoute les deux descriptions et complète la grille.
• Regarde les dessins **a-e** • C'est qui?

2 • Ecoute les deux interviews et écris des détails dans la grille. • Compare avec ton groupe.

A *Aline est sportive.*

Ah, non, elle n'est pas sportive... B

3 • Lis la lettre. • Complète la grille.
• C'est une bonne candidate?

Je m'appelle Virginie et je voudrais être représentante des 10-12 ans. Je suis sympa et assez drôle. Je suis honnête et bien organisée, et j'aime les responsabilités. J'aime les activités assez calmes, comme la lecture, mais quelquefois je fais du sport aussi et j'ai beaucoup de copains. Au club, je voudrais organiser des soirées-disco, des soirées-jeux ou des sorties à la piscine. Je suis un peu paresseuse, c'est vrai, mais le club m'intéresse, donc je voudrais faire des efforts.

e *Virginie Pazzé*

a *Mouloud Haddad*

b *Manuel Da Silva*

c *Aline Huet*

d *Martin Rosset*

 4 • Regarde tes notes et vote.
• Ton groupe préfère qui? • Et ta classe?

E Voici ma famille

C'est un livre sur la Martinique pour la classe.

J'ai un cousin en Italie!

J'ai un grand-père en Tunisie!

J'ai un oncle au Canada!

Et moi, ma famille est en Martinique. C'est loin!

 1
- Lis la bande dessinée. Ils ont de la famille...
  - **1** en Amérique? **2** en Europe? **3** en Australasie? **4** en Afrique? **5** en Asie?
- Recopie les continents.
- Ecris oui ou non.

2
- Recopie les prénoms et écoute la cassette.
  - ◆ • Choisis la lettre. ♣ • Fais ◆. Ils habitent où? (nord, sud, est, ouest ou centre)
  - *Exemple*: **Latifa = g**   *Exemple*: **1 = Latifa: g, nord**

Prénoms		
Josiane	Elisabeth	Roger
Annick	Latifa	Sandra
Christophe	Stéphanie	Kevin

Famille		
a père	**e** cousin	**i** frère
b grand-mère	**f** demi-frère	**j** mère
c sœur	**g** demi-sœur	**k** cousine
d grand-père	**h** beau-père	**l** belle-mère

 3 **C'est qui?**
- Recopie correctement.
  - ◆ • Avec . ♣ • Sans .
    1. C'est mon **père**
    2. Voici ma **demi-sœur**
    3. J'adore ma **grand-mère**
    4. J'ai deux **demi-frères**
    5. Ma **belle-mère** s'appelle Myriam.
    6. Mon **grand-père** a 59 ans.
    7. Ma **mère** habite à Inverness.

Parle-moi de ta famille	
Tu as J'ai	un frère/un demi-frère? une sœur/une demi-sœur un cousin/une cousine
Je n'ai pas de frère	
Ton père/beau-père s'appelle comment? Il s'appelle...	
Ta mère/belle-mère a quel âge? Elle a... ans (1-69)	
Ton grand-père/Ta grand-mère habite où? Il/Elle habite à Cardiff	

4 • Travaillez à deux.
• Décris ta famille ou invente une famille.

  Exemple: Père, Damian, 37ans
  Belle-mère, Alison, 38 ans, etc...

• A tour de rôle:
  – pose des questions à ton/ta partenaire.   A — *Tu as une sœur?*
  – prends des notes sur sa famille.   *Oui.*   B
  – compare avec ses notes.   A — *Elle s'appelle comment?*
                                                     Elle s'appelle...   B

5 Carole présente sa famille.
• Recopie et complète le dessin.

J'adore ma famille. Mon père s'appelle André et ma mère s'appelle Marie-Laure. Ils ont trente-cinq ans. J'ai un frère, une demi-sœur et un demi-frère. Mon frère, Guillaume, a sept ans. Karl a quinze ans et ma demi-sœur, Gabrielle, a treize ans. Mes grands-parents, Louise et Séraphin, habitent en Martinique. Ma grand-mère a soixante-trois ans et mon grand-père a soixante-six ans.

 6 *A toi!*
• Fais un poster sur ta famille.
• Utilise tes notes de l'exercice 4.
  ◆ • Regarde 🔑, p.5 et p.10.
     Exemple: **J'ai deux frères. Jérémy a huit ans. Il a les cheveux roux et les yeux marron. Andrew...**
  ♣ • Fais ◆ et ajoute d'autres détails: loisirs, personnalité...

F Tu es né où?

1 Carole a des problèmes en géographie.

- Ecris les pays.

   Exemple: **1 = En Belgique**

   1 Bruxelles, c'est où? **4** Berlin, c'est où? **7** Genève, c'est où?
   2 Madrid, c'est où? **5** Calais, c'est où? **8** Bordeaux, c'est où?
   3 Rome, c'est où? **6** Athènes, c'est où?

| Tu habites où?
Tu es né(e)où? | J'habite
Je suis né(e) | en | Allemagne   Espagne   Irlande
Angleterre   France   Italie
Belgique   Grèce   Suisse
Ecosse   Grande Bretagne |
| | | au | Pays de Galles |

2 • Ecoute 1-7.
   • Recopie et complète la grille.

	◆ ♣ est né...	◆ ♣ habite...	♣ autres détails
Exemple 1:	France	Belgique	ville, nord

3 On apprend les pays.
   • Travaillez à deux.

   A *I-T-A...*

      Italie? B

   A *Correct. Un point. A toi!*

4 • Fais correspondre **1-9** et **a-h**.
Exemple: **1 = b**
• Ecoute les réponses sur la cassette.

1 Belgique	**4** Espagne	**7** France
2 Allemagne	**5** Ecosse	**8** Irlande
3 Italie	**6** Grèce	**9** Angleterre

5 • Travaillez à deux.
• A : Choisis un pays en secret.
• B : Devine!

◆ A ⋯ *Espagne*

    Belgique? B

A *Non.*

    Espagne? B

♣ A ⋯ *Espagne*

    Tu es né(e) en Belgique? B

A *Non.*

    Tu es né(e) en Espagne? B

6 • Lis la lettre.
• Corrige les erreurs (**1-6**).

Exemple: **1 La Martinique est à 1300 km de la Jamaïque.**

1 La Martinique est à 1500 km de la Guadeloupe.
2 Bastien parle anglais et français.
3 Bastien est né en Jamaïque.
4 Bastien adore les villes.
5 Ses parents sont nés en Martinique.
6 La Martinique est au nord de la Guadeloupe.

> Salut le collège des Acacias!
>
> Je m'appelle Bastien. Carole, c'est ma copine.
> J'habite en Martinique. C'est une île à 1300 km de la Jamaïque. On parle français en Martinique, mais on parle anglais en Jamaïque. Moi, je ne parle pas anglais. Je suis né à Macouba, un village dans le nord de la Martinique. J'habite à Port-de-France, la ville principale. Moi, je préfère la campagne.
> Mes parents sont nés en Guadeloupe. C'est une île au nord de la Martinique. On parle français aussi en Guadeloupe.
> Ecrivez-moi!
> Bastien

7 *A toi!*

• Choisis cinq célébrités.
• Fais des phrases avec **Je suis né(e)** ou **J'habite**.

Exemple: *Je suis né en France.*

Mon petit frère dans une plantation de canne à sucre.

G Ils ont quel âge?

Tu fais ton français?

Non, je dessine une carte pour ma grand-mère. Elle a 73 ans le 12 octobre.

1 • Ecoute la cassette et dis le nombre après.

73   74!

74!   74!

2 Ils ont quel âge?

◆ • Recopie les nombres dans l'ordre de la cassette.

♣ • Cache les nombres et écoute. Ecris les nombres.

Exemple: **1 = 72**

60 74 65 71 72 69
75   70   66 77

| Ton grand-père a quel âge? | Il a soixante-treize ans. |
| Ta grand-mère a quel âge? | Elle a soixante-huit ans. |

60	soixante	70	soixante-dix	76	soixante-seize
61	soixante et un	71	soixante et onze	77	soixante-dix-sept
62	soixante-deux	72	soixante-douze	78	soixante-dix-huit
63	soixante-trois	73	soixante-treize	79	soixante-dix-neuf
...		74	soixante-quatorze		
69	soixante-neuf	75	soixante-quinze		

On prononce bien -an/-en-ou

Ecoute: soix**an**te   *Ecoute:* d**ou**ze
Répète: cinqu**an**te   *Répète:* tu habites **où**?

tr**en**te   les cheveux r**ou**x
gr**an**d-père   mon c**ou**sin
dim**an**che

3 • Travaillez à deux.
◆ • A : Inventez des séries.
  • B : Devine!

A   72

        Soixante-huit?   B

A   Plus!

        Soixante-treize?   B

A   Moins!

        Soixante et onze?...   B

♣ • Faites ◆ et inventez une autre activité pour pratiquer 60-79.

4 •Ecoute les records. •Ecris la lettre et le nombre.
◆ •Avec la case-nombres. ♣ •Sans la case-nombres.

Exemple: **1 = c, 59**

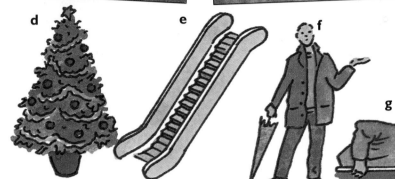

Case-nombres

a 72/70/62   **b** 70/71/72   **c** 68/59/77   **d** 68/76/77   **e** 50/60/70   **f** 73/76/65   **g** 66/76/67

Dire l'âge

to be = *être* (je suis, tu es,...)   **to have** = *avoir* (j'ai, tu as,...)

... mais attention! I **am** 13 = j'**ai** 13 ans

J'ai 13 ans.   Tu **?** 12 ans.   Il **?** 16 ans.   Elles **?** 15 ans.

5 •Recopie et complète les phrases.

J'ai un frère jumeau. Nous (**1**) treize ans.
Ma sœur (**2**) neuf ans.
Mon frère (**3**) six semaines.
Mes parents (**4**) quarante et un ans.
Mon (**5**) a soixante-treize ans et ma
grand-mère (**6**) soixante-dix ans.
Et les lapins? Ils (**7**) deux ans!

6 *A toi !*

•Utilise l'exercice 5
comme modèle.
•Fais un dessin et écris
un paragraphe.

$$\frac{36 + 36}{18 \times 4} = ?$$ Tes résultats en maths!

Les nombres

les numéros de voitures

 p.149

les numéros de téléphone

l'âge

les prix

Les nombres, c'est très utile!

l'heure des bus

◆ 1 ◆ •Complète les séries 1-5.

♣ •Fais ◆ et invente des séries pour ton/ta partenaire.

1 soixante-six,   soixante-cinq,   soixante-quatre,   _____

2 soixante-cinq,   soixante-sept,   soixante-neuf,   _____

3 soixante-douze,   soixante-treize,   soixante-quinze,   _____

4 quarante-quatre,   cinquante-cinq,   soixante-six,   _____

5 soixante-dix-huit,   soixante-quinze,   soixante-douze,   _____

2

•Travaillez à deux.

•Choisis un prénom en secret.

•Epèle le prénom avec le code.

A   *Soixante-huit... soixante et onze... soixante-seize.*

    Jim?   B

A   *Correct! Un point. A toi!*

A = 77	B = 55	C = 62	D = 69	E = 73	F = 63	G = 58	H = 79	I = 71
J = 68	K = 66	L = 72	M = 76	N = 65	O = 70	P = 60	Q = 59	R = 78
S = 67	T = 54	U = 61	V = 57	W = 56	X = 64	Y = 75	Z = 74	

---

3 **Quel âge en l'an 2020?**

•Travaillez à deux.

•A : Dis l'âge •B : Devine!

A   *Soixante-douze ans.*

    C'est le Prince Charles!   B

A   *Correct! Un point. A toi!*

1 Paul McCartney (78)

2 Michelle Pfeiffer (63)

3 Whoopi Goldberg (71)   5 La princesse Anne (70)   7 Liam Neeson (68)

4 Kenneth Brannagh (60)   6 Le prince Charles (72)   8 Emma Thompson (61)

ATELIER

Je m'appelle Augusto.
J'habite en France, mais je suis
d'origine espagnole. Il y a beaucoup
d'Espagnols en France.
Je vais te présenter ma famille...

I • Lis le paragraphe et complète la grille.

Personne	Age	Prénom

• Ecoute la cassette.
• Ajoute des détails dans la grille.
• Recopie et complète le dessin
  de ma famille.

Je m'appelle Augusto. J'ai treize ans.
Ma famille est assez grande. J'ai deux
frères. Carlos est plus âgé que moi,
mais pas Luis. Carlos a seize ans. Il
est sympa. Luis est assez embêtant parce
qu'il est plus petit. Il est très bruyant.
Mon père est d'origine espagnole. Il a
quarante-huit ans : c'est beaucoup! Mes
grands-parents habitent aussi avec nous,
mais la maison est assez petite : c'est
difficile.

2 **Association d'idées.**
• Trouve les pays **I-6** à l'aide des indices.
• Vérifie les pays dans le dictionnaire.

Exemple: **I = Etats-Unis**

  I **E**ttsa-Usin (la Statue de la Liberté)   **4** **C**ehni (un pays immense en Asie)
  2 **I**eandsl (des igloos)   **5** **A**alretius (des kangourous)
  3 **R**eiuss (le caviar et la vodka)   **6** **P**ruéo (des lamas)

☐ Ma ville? Pas mal!

Carole – Fort-de-France est jolie mais très bruyante.

Nadir – Lille est une ville industrielle et moderne.

Thierry – J'aime bien Chartres. C'est une ville ancienne.

Marine – La Rochelle est plus jolie que Lille.

 ☐ ◆ •Ecoute et choisis les symboles pour chaque ville.

♣ •Fais ◆ et note d'autres détails.

Exemple: ◆ l = f ♣ l = f – **nord, très grande**

 2 •Travaillez à deux.

•Jouez avec les adjectifs de ☐ 5 points? Tu gagnes!

A — *bruyant?*

B-R-U-Y-A-N-T — B

A — *Correct. Un point!*

C'est comment, ta ville/ton village?		
Mon village Ma ville	est n'est pas	moderne calme joli(e) bruyant(e) ancien(ne) industriel(le)
J'aimerais bien habiter à… Pourquoi?		Parce que…

3 • Complète les adjectifs avec un dictionnaire.
Attention: m? f? s.? pl.?

Exemple: **1 Une ville touristique**

1 Une ville tourist_ _ _ _
2 Un village histor_ _ _ _
3 Une région ennuy_ _ _ _
4 Des musées intéress_ _ _ _

5 Un parc safari fantas_ _ _ _ _
6 Un parc agré_ _ _ _
7 Des monuments célèb_ _ _
8 Un village pauv_ _

> **Dictionnaire**
> **nouveau, elle**
> *m*: nouveau   *f*: nouvelle
> Both words mean 'new'

...plus ... que ...   ...moins ... que ...   ▶▶ p.145

Le train est **plus** bruyant **que** le vélo.   Ma ville est **moins** jolie **que** Chester.
...plus ...que... = ?   ... moins... que... = ?
Attention aux adjectifs: *m? f?* Choisis: Ma ville est plus **industriel/industrielle** que Bath.

---

 4 • ◆ Lis **1-8** et écris vrai ou faux.

• ♣ Fais ◆ et corrige les phrases fausses.

Exemple: ◆ **1 = faux**   ♣ **1 = faux. Lille est plus bruyante que La Rochelle.**

* = un peu   **** = très

CHARTRES	LILLE	LA ROCHELLE	FORT-DE-FRANCE

  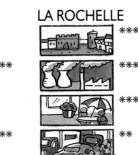 

CHARTRES: **** ** ** ***
LILLE: ** **** ** ****
LA ROCHELLE: *** *** **** **
FORT-DE-FRANCE: * * *** ***

1 La Rochelle est plus bruyante que Lille.
2 Chartres est plus ancienne que Fort-de-France.
3 Fort-de-France est moins ancienne que Chartres.
4 La Rochelle est plus industrielle que Fort-de-France.

5 Lille est plus jolie que Chartres.
6 Lille est moins bruyante que Fort-de-France.
7 Chartres est moins jolie que La Rochelle.
8 Lille est moins industrielle que Chartres.

 5 • Travaillez à deux.
• Donnez des opinions.

A — *Tu aimerais bien habiter à Chartres ou à La Rochelle?*

J'aimerais bien habiter à La Rochelle. — B

A — *Pourquoi?*

Parce que La Rochelle est moins bruyante que Chartres. — B

 6  *À toi !*

• Prépare un dossier sur ta ville pour un visiteur. Tu peux illustrer ton dossier et l'enregistrer sur cassette.

J C'est comment, ton collège?

 1
- Fais correspondre **1-6** et **a-f**.

    Exemple: **1 = e**

    1 A midi, nous mangeons à la cantine...
    2 ...ou nous allons à la maison.
    3 Nous aimons le sport. Nous jouons au basket, par exemple.
    4 Nous travaillons le samedi, mais pas le mercredi.
    5 Nous portons un jean ou une jupe, mais pas d'uniforme.
    6 Quelquefois, nous faisons des voyages.

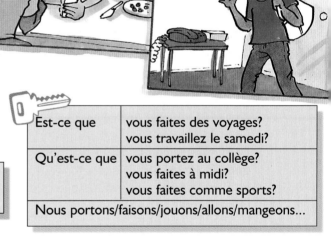

 2
- Ecoute et choisis le dessin.

    Exemple: **1** — *a!*

Est-ce que	vous faites des voyages?
	vous travaillez le samedi?
Qu'est-ce que	vous portez au collège?
	vous faites à midi?
	vous faites comme sports?
Nous portons/faisons/jouons/allons/mangeons...	

Verbes avec **nous** et **vous** ▶▶ p.24 ▶▶ p.146

nous port**ons**   vous port**ez**

 3
- Faites 2 groupes: 1 pour **nous**, 1 pour **vous**.
- Ecoute **A** et **B**.
    – Tu entends un verbe avec **nous**?
      Le groupe des **nous** lève la main.
    – Tu entends un verbe avec **vous**?
      Le groupe des **vous** lève la main.

Dictionnaire

nous **faisons** = <u>?</u>

  faisons *vb. voir* faire

faire = to do
➡ nous faisons = we do

4 Voici les photos d'un collège.

• Travaillez à deux.

◆ • Préparez une interview.

A *Vous travaillez le mercredi?* *Non, nous ne travaillons pas.* B

♣ • Faites ◆. Donnez des opinions et inventez des détails.

A *Est-ce que vous travaillez le mercredi?*

Non, nous ne travaillons pas. B

A *C'est chouette!*

Oui, mais nous travaillons le samedi. B

Aide-questions:			**Aide-réponses:**
Est-ce que...	... vous travaillez...	... le mercredi?	Nous (n') allons (pas)...
	... vous mangez...	... du sport?	Nous (ne) travaillons (pas)...
	... vous avez...	... des voyages?	Nous (ne) portons (pas)...
	... vous portez...	... un uniforme?	Nous (ne) faisons (pas)...
	... vous faites...	... à la mer?	Nous (ne) mangeons (pas)...
	... vous écoutez...	... la radio en classe?	Nous (ne) regardons (pas)...
		... à la maison/cantine?	

5 *A toi !*

◆ • Ecris six phrases avec **nous** sur ton collège.

Exemple: **Nous allons à la piscine tous les mardis**.

• Lis tes phrases à ton/ta partenaire.

♣ • Prépare des notes sur ton collège.

Exemple: **Collège, cinq jours**

• Avec tes notes, parle de ton collège pendant une minute. Utilise **nous**.

Exemple: **Nous allons au collège cinq jours par semaine...**

Le collège de Carole, c'est comme en France!

Oui, mais après le collège, nous allons à la plage!

K Ta sœur travaille où?

54 jours, 53 jours... Un trimestre, c'est long, papa!

On va voir ma sœur? Elle travaille au cinéma.

Super! Salut, papa!

1 • Regarde **a-j** et écoute. Ils travaillent où?
  ◆ • Ecris les lettres.

  Exemple: **1 = c, i**

♣ • Fais ◆ et écris l'emploi.

  Exemple: **1 = c (doctor), i (clothes shop)**

Ton père/Ta sœur travaille? Tes parents travaillent?	
Il/Elle travaille Mon frère travaille Ils travaillent	à la maison
	dans un bureau/un hôtel un magasin/un hôpital un grand magasin/ une usine/une banque une ferme
Ma mère/Mon père ne travaille pas. Ils/Mes frères ne travaillent pas.	

2 • Travaillez à deux.
  • A : Invente un frère et son emploi (photos **a-j**).
  • B : Devine.

  A   *hôtel*   *Ton frère travaille dans une banque?*   B

  A   *Non*   *Il travaille...*   B

3 ◆ • Cherche les mots dans le dictionnaire.

  Exemple: **gare = station (f)**

♣ • Fais ◆ et fais des phrases.

  Exemple: **Ma mère travaille dans une gare (station).**

gare   aéroport   boucherie   mairie   marché

commissariat   station-service   pharmacie

4
- Travaillez en groupe.
- Faites une phrase de plus en plus longue.

A   Mon père travaille.

Mon père travaille dans un hôtel.   B

C   Mon père travaille dans
un hôtel, mais...

5
- Complète la lettre à l'aide de la case.

Exemple: 1 = **ne**

> hôpital   restaurant   soir   sœur   un   ne
> ont   pas   il   travaillent   fatigant

Mon père (**1**) travaille pas en ce
moment. Le matin et l'après-midi,
(**2**) téléphone beaucoup pour trouver
du travail. Le (**3**), il prépare le
dîner et il joue de la musique. Ma
mère est dentiste dans un (**4**). En général,
elle ne travaille (**5**) le week-end. Mes
grands-parents (**6**) dans une ferme. Ils
(**7**) beaucoup d'animaux. J'ai une (**8**):
elle travaille dans une usine. C'est
difficile et (**9**). Elle est jalouse de mon
frère, parce qu'il est chef cuisinier
dans un (**10**). Moi, le jeudi soir et le
samedi, je travaille dans (**11**) magasin.
C'est amusant.

6   *À toi !*
- Ta famille réelle ou imaginaire travaille?
◆ - Ecris six phrases minimum sur ta famille
réelle ou imaginaire.

Exemple: **Mon frère travaille dans
un bureau.**

♣ - Ecris un paragraphe. • Donne des détails
(quand? où? avec qui?)

Exemple: **Mon demi-frère John travaille dans un
restaurant à Keyston, six jours par semaine...**

L Point Langue

Verbes avec nous et vous

▶▶ p.146

– Sophie, **vous portez** un uniforme dans ton collège?
– En Grande Bretagne, **on porte** un uniforme. Mais ici, **nous portons** des vêtements ordinaires.

> We: *on* or *nous*?

On when talking about people in general:
Exemple : En Grande Bretagne, **on porte** un uniforme.
On or **nous** when talking about a few people in particular.
Exemple: Dans ma famille, **on aime** le sport.
or: Dans ma famille, **nous aimons** le sport.

> You: *tu* or *vous*?

Tu when addressing a person your age or younger
Vous – when addressing an adult
– when addressing more than one person
Exemple: Marc, **tu travailles** le samedi?
Madame Lamier, **vous travaillez** le samedi?

infinitif: **TRAVAILLER** (*to work*)

singulier		pluriel	
je travaille	I work	nous travaillons	we work
tu travailles	you work	vous travaillez	you work
il travaille	he works	ils travaillent	they work
elle travaille	she works	elles travaillent	they work
on travaille	one works/we work		

> *Careful! Some verbs are different: always learn them by heart.*
> *Exemples:* **nous mangeons** **vous faites** **nous sommes**

I ◆ • Complète.
1 Vous port _ _ un uniforme?
2 Oui, nous port _ _ _ un uniforme vert et noir.
3 Vous regard _ _ la télé en classe?
4 Nous regard _ _ _ des documentaires en géographie.
5 Vous mang _ _ où à midi?
6 Miriam et moi, nous mang _ _ _ _ dans le parc.
7 _ _ _ _ jouez au basket?
8 Dans mon collège, _ _ _ _ jouons plus au handball.

♣ • En groupe, préparez une interview sur un collège. Utilisez des verbes avec **on**, **nous** et **vous**. Jouez ou enregistrez l'interview.

ATELIER

•Invente une famille de trois personnes pour une série télé.

Personnage 1

•Copie et complète le formulaire.

Nom _____ Age _____

Prénom _____ Yeux _____

Statut familial (père, mère...) _____ Cheveux _____

Né(e) le _____ à (ville) _____ pays _____

Autres détails physiques _____

Habite à... _____ Personnalité _____

Détails sur la ville/le village _____

Loisirs: aime _____

n'aime pas _____

Travail _____

Personnage 2

•Décris la personne.

◆ •Fais une liste de phrases.

♣ •Ecris un paragraphe.

Exemple: **Elle s'appelle Claire. C'est la mère. Elle a les yeux bleus...**

Personnage 3

Interview

•Travaillez à deux.

•Préparez l'interview.

•Jouez ou enregistrez l'interview.

On travaille bien

◆ •Regarde les 🔑 de l'Unité 1.

♣ •Varie les structures et les mots:

Oui, mais...

Quelquefois...   Eh bien...

A *Tu t'appelles Thomas?*

Oui, et j'habite avec mon père... B

On fait du shopping

A. Encore des numéros!

Aux Galeries Vendôme

Salut, Thierry! Mais qu'est-ce que tu fais là?

Ma mère travaille ici. On va faire les magasins.

1 La mère de Thierry travaille.
• Ecoute, lis et chante.

quatre-vingts	80
quatre-vingt-un	81
quatre-vingt-deux	82
quatre-vingt-trois	83
quatre-vingt-quatre	84
quatre-vingt-cinq	85

Oh là là! Je déteste travailler!

quatre-vingt-six	86
quatre-vingt-sept	87
quatre-vingt-huit	88
quatre-vingt-neuf	89
quatre-vingt-dix	90

Libre Service

Oh super! c'est le libre-service!

91	quatre-vingt-onze
92	quatre-vingt-douze
93	quatre-vingt-treize
94	quatre-vingt-quatorze
95	quatre-vingt-quinze

Oh zut! Je déteste travailler!

96	quatre-vingt-seize
97	quatre-vingt-dix-sept
98	quatre-vingt-dix-huit
99	quatre-vingt-dix-neuf
100	cent

Vêtements

Excellent! C'est le rayon des vêtements!

2 Où est la mère de Thierry exactement?
◆ • Ecoute et lis **a-f**. • Ecris vrai ou faux. *Exemple:* **a = faux**
   a 87 **b** 86 **c** 90 **d** 100 **e** 84 **f** 95
♣ • Ecoute et écris les numéros **a-f**. *Exemple:* **a = 83**

3  • Travaillez à deux.

◆ • A : Trace un numéro sur la table.
  • B : Dis le numéro.

A

Quatre-vingt-trois! B

↑ plus ↓ moins

♣ • A : Choisis un numéro en secret.
  • B : Devine le numéro!

A ···· *Quatre-vingt-douze*

Quatre-vingt-cinq? B

A *Non - plus!*

Quatre-vingt-seize? B

A *Non - moins!*

 4 • Ecoute, regarde et répète les numéros de .
• Ecoute encore et lève la main pour les numéros 500-1000.

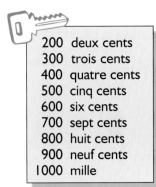

200	deux cents
300	trois cents
400	quatre cents
500	cinq cents
600	six cents
700	sept cents
800	huit cents
900	neuf cents
1000	mille

 5 • Ecoute les conversations 1-7 dans les magasins.
◆ • Note les prix.
  Exemple: **1 = 600f**
♣ • Fais ◆ et ajoute l'article.
  Exemple: **1 = 600f, les baskets**

6 ◆ • Ecris dans l'ordre numérique.

Exemple: **f = 80, i = 85...**

a six cents
b cinq cent quatre-vingt-neuf
c quatre-vingt-treize
d cent un
e quatre cent vingt-deux
f quatre-vingt
g mille cinquante-sept
h deux cent soixante et onze
i quatre-vingt-cinq

♣ • Les numéros à l'envers! Complète.

Exemple: **a 82 = quatre-vingt-deux**

a vingt-huit = 28 82 = ?
b quatre-vingt-onze = 91 ? = dix-neuf
c trois cent sept = 307 703 = ?
d quatre-vingt-trois = ? ? = trente-huit
e cinq cent dix-huit = ? ? = ?
f neuf cent seize = ? ? = ?

 **7** *A toi!*
• Invente une activité pour ton/ta partenaire.
  Utilise l'exercice 6 comme modèle.

▶▶ p.149
| 200 | deux cent**s** |
| 201 | deux cent~~s~~ un |

B Je cherche...

Thierry fait les magasins avec sa mère.

1 ◆ •Ecoute la bande dessinée. Complète **1-7** avec **a-g**.

Exemple: **1 = f, Vous désirez?**

1 Vous...	**a** une veste.
2 Je cherche...	**b** pas cher.
3 Je n'aime pas le...	**c** cher.
4 Ça fait...	**d** bleu.
5 C'est ...	**e** va.
6 Ce n'est...	**f** désirez?
7 Ça...	**g** combien?

♣ •Fais ◆ et lis les bulles **1-5**. C'est Thierry ou Maman?

Exemple: **1 = Thierry**

1 Je n'aime pas le bleu.

2 150 francs? – ça va...

3 Je préfère la veste noire.

4 475 francs? – ce n'est pas cher!

5 475 francs? – si, c'est cher!

2 • Travaillez à deux. Utilisez les phrases de l'exercice 1.
  ◆ • A : Commence la phrase.   ♣ • A : Regarde le livre.
    • B : Finis la phrase.   B : Ne regarde pas!

A ── *Vous...*
        ... désirez? ── B

3 • Utilise le dictionnaire. • Lis, écoute et répète le rap de Thierry.

Le rap de Thierry

Vert   Bleu clair   Rouge
violet   blanc   cerise
orange   bleu foncé   rose
jaune   marron   gris

on fait les magasins   tous au rayon   je n'aime pas les
aux Galeries Vendôme.   des vêtements.   couleurs, bof, tant pis!

4 • Ecoute les conversations 1-6 au rayon des vêtements.
  ◆ • Note le vêtement et la couleur.   ♣ • Fais ◆ et note le prix + cher/pas cher.
    Exemple: **T-shirt, rouge**   *Exemple*: **T-shirt, rouge, 25f, pas cher**

5 **Un peu de révision**
• Regarde le poster du pressing.
  Décide; **un** ou **une**.
• Vérifie dans le dictionnaire.

PRESSING DISCOUNT
1 heure
1 prix
18ᶠ
Pantalon Chemise
Veste   Manteau
Robe   Blouson
Jupe   Imper
Pull   Chemisier

6 *A toi!*
• Travaillez à trois.
• Jouez la conversation de Thierry, sa
  mère et l'employé.
• Adaptez le modèle et inventez
  une autre conversation.

▼ **Adapter une conversation.**
1 Recopie 1-7 (exercice 1).
2 Souligne les mots à changer.
  Exemple: Je cherche <u>une veste</u>.
3 Choisis un mot différent.
  Exemple: Je cherche <u>un pantalon</u>.
4 Vérifie 'un'/'une', les numéros et les
  couleurs: pages 144 et 149.
  Exemple: Je cherche une chemise <u>verte</u>.
5 Ecris ou joue la conversation.

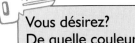

Vous désirez?	Je cherche (une veste bleu foncé)
De quelle couleur?	Vous avez (un pull rose)?
	Je n'aime pas (le violet, l'orange, le bleu clair)
Ça fait combien?	Ça fait... francs
	C'est cher/Ça va/Ce n'est pas cher

C Ça va?

Je peux essayer?

Bien sûr!

Ludivine! Ça va?

Oui, ça va!

Non, ça ne va pas!

C'est très joli, n'est pas?

Oui, mais c'est trop long!

Et un peu larg

1
- Ecoute et lis.
- Fais correspondre les dessins et les phrases.

 1 Ça va.
 2 Ça ne va pas.
 3 C'est long.
 4 C'est large.
 5 C'est joli.

a   b   c

d   e

2
- Regarde les dessins et écoute les conversations 1-5 au marché.
- ◆ Qui parle? Note le nom.   ♣ Fais ◆ et note la réaction de l'employée.

  Exemple: **1 = Laureline**   *Exemple:* **1 = Laureline – Ah, bon?**

Ah, bon   Oh là, là...   Non?

Erik   Virna   Marc   Magali   Laureline

3 Ça va ou ça ne va pas?
- Travaillez à deux.

◆ A   Ça va?

   Non, c'est juste!   B

A   Tu es Marc!

♣ • A   Ça va, Marc?

   Non, je regrette, ça ne va pas!   B

A   Ah, bon?

   C'est un peu juste et trop court. Et je n'aime pas le noir. Vous avez un jean bleu foncé?   B

4 • Cherche les mots dans le dictionnaire.
• Recopie et complète la grille et trouve le mot mystère!
  1 really
  2 ugly
  3 out of fashion
  4 horrible
  5 tiny

  C'est joli, parfait, _ _ _ _ _ !

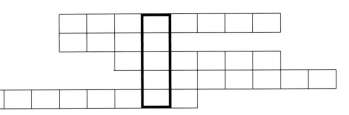

> **Dictionnaire**
>
> *Attention!* Quelquefois...
> **1** Il y a deux ou trois possibilités:
>
> **ugly** laid; vilain
>
> **2** Il faut chercher!
>
> **fashion 1.** mode *f*; vogue *f*; façon *f*; manière *f*; forme *f*; **in~** à la mode

5 **Thierry achète une veste au marché.**
• Ecoute, lis et choisis le mot correct.

Vous désirez?

1 *Je cherche une veste grise/noire/bleue.*

Voilà une veste...

Je peux essayer?

2 *Bien sûr/Pas de problème/Oui, là-bas.*

3 *Oh, c'est trop grand/large/long.*

Ah, bon? Et ça, ça va?

4 *Non, c'est trop court/juste/petit.*

Oh là, là! Et ça, alors?

5 *C'est parfait/super/joli. Ça fait combien?*

6 *200 francs/250 francs/315 francs.*

7 *Oh, c'est cher/ce n'est pas cher/ça va.*

Merci, au revoir!

6 • Travaillez à deux. Achetez un vêtement au marché.
  ◆ • Utilise l'exercice 5.
  ♣ • Invente une conversation.

Je peux essayer?	Bien sûr/Pas de problème/Là-bas		
☹ Ça ne va pas	C'est	un peu/très/trop	grand/petit, long/court, large/juste
☺ Ça va		joli, parfait	

D Point Langue

▶▶ p.149

1 Les numéros 1-10

- Ecoute, répète et apprends.

Prononcer ou pas?

Pour le T-shirt, ça fait six francs.
Six? Oui, six.
Pour le short, ça fait huit francs.
Combien? Huit.
Pour la casquette, ça fait dix francs.
Dix? Oui, dix.

Six francs – six,
Huit francs – huit,
Dix francs – dix,
Attention
à la prononciation!

- Ecoute: il y a combien de...?
  - a ... casquettes?
  - b ... chemises?
  - c ... pantalons?
  - d ... pulls?
  - e ... paires de baskets?
  - f ... shorts?

2 Les numéros 11-20

Attention aux différences!

- Ecoute, lis et répète.

(1) un, une	(11) onze	(4) quatre	(14) quatorze
(2) deux	(12) douze	(5) cinq	(15) quinze
(3) trois	(13) treize	(6) six	(16) seize

- Ecoute et lis **a-f**.
- Choisis le bon numéro.
  Exemple: **a = 14**
  a 4/14   **b** 6/16   **c** 2/12   **d** 5/15   **e** 3/13   **f** 1/11

3 Les números 21-1000

- Comment ça s'écrit? Regarde!   81 quatre vingt̸-un

80	quatre-vingts	100	cent
81	quatre-vingt-un	101	cent un

200	deux cents	1000	mille
201	deux cent un	1001	mille un

2000	deux mille

- Ecris les numéros en français et vérifie avec ton/ta partenaire.

87	103	300	710	180	2590

ATELIER

1
- Découpe des photos de vêtements.

- Colle les photos sur une feuille.

- Dessine une personne et écris une bulle.

Oh là là! C'est trop grand!

2
- Lis et recopie le poème dans ton cahier. Remplis les blancs.
- Apprends le poème par cœur.

> *bleu*   avez   long   aime
> cherche   *va*   désirez

Bonjour! Vous _____?
Je _____ un pantalon.
Ça _____? Vous l'aimez?
Non, c'est un peu _____!

Je n'_____ pas la couleur,
Je déteste le _____:
Vous _____ un pantalon noir?
Ah! – ça, c'est mieux!

- Ecris un poème. Voici des rimes pour t'aider.

pantalon
long
marron
blanc
grand

chemise
gris
cerise
petit
joli

c'est...super (vert)
mieux (bleu)
joli (gris)

3
- Recopie l'idéogramme et complète avec d'autres mots.
- ◆ Complète avec des mots de *Camarades*.
- ♣ Utilise ton dictionnaire.

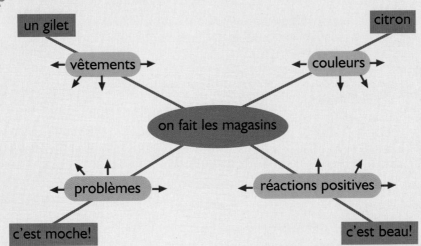

un gilet → vêtements ←
citron → couleurs ←
on fait les magasins
problèmes → ← réactions positives
c'est moche!
c'est beau!

E Bonjour! Je voudrais...

1
- Ecoute la conversation au café.
  - Complète la liste **1-11** de Thierry.
  - *Exemple:* **1 = f**

♣ • Fais ◆ et lis les phrases **a-c**. C'est Thierry ou Maman?
  - **a** Qui est trop fatigué pour aller au supermarché?
  - **b** Qui n'aime pas faire les magasins?
  - **c** Qui prend des notes?

Bon, Thierry. Maintenant, tu vas au supermarché.

Mais je déteste ça!

Je suis fatiguée, moi! Prends des notes! Je voudrais...

1 un demi-litre de...	**a** ...tomates
2 un kilo de...	**b** ...fromage
3 500 grammes de...	**c** ...biscuits
4 100 grammes de...	**d** ...fraises
5 une bouteille de...	**e** ...viande hachée
6 une boîte de...	**f** ...lait
7 une tranche de...	**g** ...limonade
8 un paquet de...	**h** ...dentifrice
9 un pot de...	**i** ...pommes de terre
10 un tube de...	**j** ...yaourt
11 une tarte aux...	**k** ...jambon
12 une baguette	

2 Au choix
- Travaillez à deux et faites une activité.
  - ◆ • A : Fais une phrase avec les mots de l'exercice 1.
    - B : Dis 'possible' ou 'impossible'.

  A *Une tranche de fromage!*

  Possible! B

  A *Un demi-litre de dentifrice!*

  Impossible! B

  - ♣ • A : Epele un mot.
    - B : Dis le mot

  A *Y-a-o-u-r-t.*

  Yaourt! B

  A *Correct. A toi!*

  T-r-a... B

  A *Tarte!*

  Non! T-r-a-n-c-h-e. B

  A *Ah, tranche!*

3
- Regarde les produits **1-8** (exercice 4) et utilise le dictionnaire.
- Ecris une liste des mots nouveaux.
  - *Exemple:* **jus d'orange – orange juice**

4
- Compare les produits **1-8** avec **a-k** (exercice 1).
  Thierry veut acheter les produits **1-8**?
- Ecris oui ou non.

  Exemple: **1 = non**

5
- Ecoute les dialogues a-f.
  ◆ • Note le numéro de la photo (**1-8**) et la quantité.

  Exemple: **a photo 4, 1 demi-kilo**

  ♣ • Fais ◆ et ajoute les prix.

  Exemple: **a photo 4, 1 demi-kilo, 3 francs 50**

6
- Ecris les phrases dans le bon ordre pour faire un dialogue entre l'employé, et le client.

  Client ⟨ *Bonjour!* ⟩

  ⟨ *Bonjour! Vous désirez?* ⟩ Employé

  a C'est tout?
  b Bonjour. Vous désirez?
  c Voilà. Vingt-trois francs cinquante.
  d Et avec ça?
  e Merci, monsieur. Au revoir!
  f En total, vingt-trois francs cinquante.
  g Bonjour!
  h Je voudrais cinq cents grammes de fromage – euh, Brie, s'il vous plaît.
  i Au revoir!
  j Oui, c'est tout. Ça fait combien?
  k Je voudrais aussi deux baguettes.

7 *A toi!*

- Fais une liste pour un pique-nique. Utilise le dictionnaire, si tu veux.

  Exemple: **un paquet de chips...**

- Tu fais les courses avec ta liste. Travaillez à deux et adaptez le dialogue de l'exercice 6.

1 11 F 95

2 FRAISES
cat. I, origine Lot et Garonne
les 2 barquettes de 500 g
18 F 50

JUS D'ORANGE FRAIS "ANDROS"
1 litre

3 5 F 95

4
6 F 95

THON ALBACORE POMPON ROUGE

BANANES
cat. I, origine Antilles ou Cameroun

5
BEURRE VILLAGEOIS
doux ou 1/2 sel,
la pièce de 500 g
7 F 90

6 31 F 95

COUPÉ DANS NOTRE ATELIER

7
CHIPS "BRETS"
Le lot de 2 x 200 g
400 g
Soit le kg 24,88 F
9 F 95

3 F 00

LAIT 1/2 ECREME UHT "NACTALIA"
1 litre

8

F Pardon, où est...?

Thierry fait les courses au supermarché.

Où est...	le poisson?
	la boucherie?
	la boulangerie?
	la caisse?
	la laiterie?
	la pâtisserie?
	l'alimentation générale?
Où sont...	les boissons?
	les fruits et légumes?
	les surgelés?
allée numéro (3) au fond	
← →	
à gauche à droite	

 1 ◆ • Ecoute les clients 1-6 et complète les réponses de l'employé.

1 La _____ ? Allée numéro cinq.

2 La pâtisserie? _____ .

3 Les _____ ? A gauche.

4 Les fruits et légumes sont _____ .

5 La _____ ? A droite.

6 Ça c'est _____ .

♣ • Fais ◆ et note les produits.

Exemple: **1 = cherche steak haché**

2 • Regarde le plan du **Super-G**.

◆ • A : Cache le génie dans le supermarché.

• B : Devine le rayon!

A ·•• La laiterie!

Allée numéro un? B

A ◄ Oui.

A gauche? B

A ◄ Non.

La laiterie! B

On prononce bien

i, o, oi

Ecoute	Pronnonce
litre	kilo, viande, boucherie
pot	fromage, sont
boîte	droite, boissons, poisson

♣ • Travaillez à deux. • Faitez des mini-dialogues.

A ◄ *Pardon, je voudrais une bouteille de limonade...*

Les boissons? Allée numéro un, à gauche. B

 3 ◆ • Ecoute les offres spéciales 1-5 et note le rayon.

Exemple: **1 = la boucherie**

♣ • Fais ◆ et note l'allée ou la position
(au fond, à gauche, à droite).

Exemple: **1 = la boucherie, allée numéro cinq**

 4 Au choix

• Regarde le dépliant, p.37

• Fais **Gigi** Magique
ou **Gigi** Logique.

Bienvenue à Super-G!

Voici notre guide-génie Gigi pour vous aider...

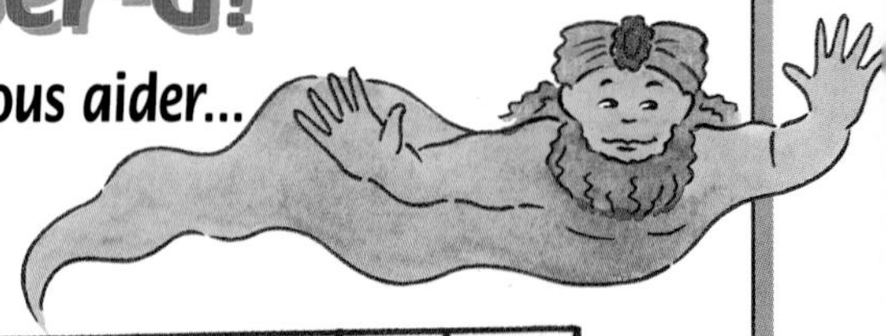

... pour Choix Gigantesque
... pour Marché Géant
... pour Chariots Gratuits
... pour Ambiance Géniale!

Plan du Super-G

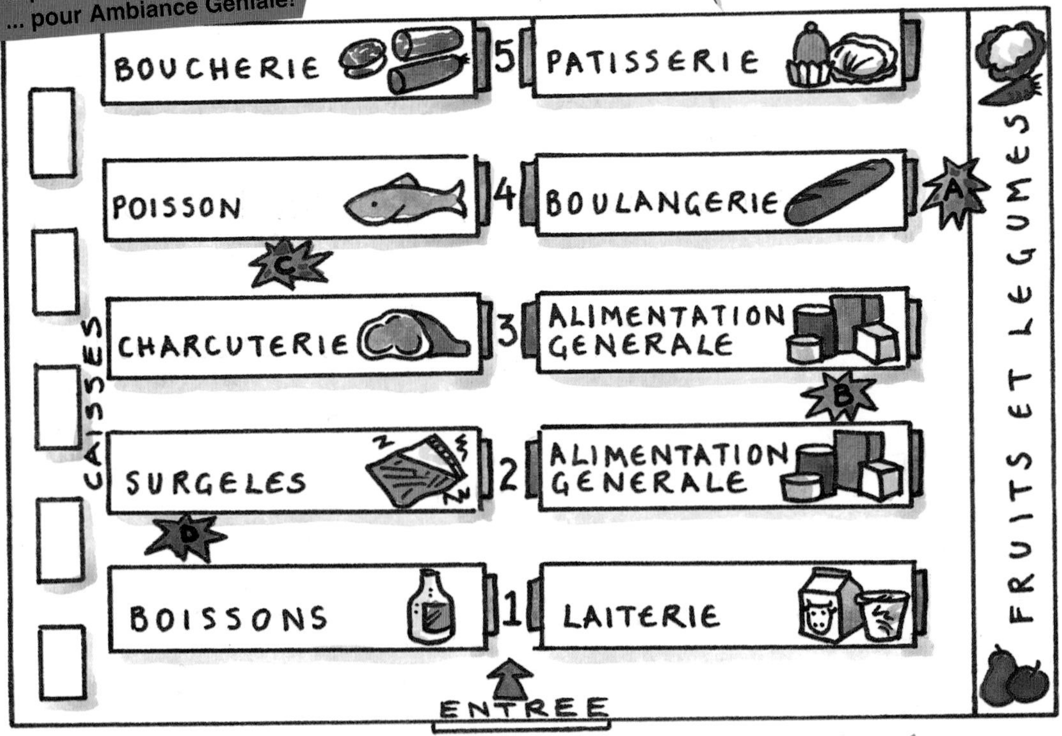

BOUCHERIE **5** PATISSERIE

POISSON **4** BOULANGERIE **A**

C

CHARCUTERIE **3** ALIMENTATION GENERALE

B

SURGELES **2** ALIMENTATION GENERALE

D

BOISSONS **1** LAITERIE

CAISSES

FRUITS ET LEGUMES

ENTREE

Gigi et les jeunes

Gigi Magique
Tu aimes les jeux?

Gigi Logique
Tu veux faire la Chasse aux Trésors?

- Lis la liste.
- Note les rayons que tu vas visiter.
- Ecris les rayons dans l'ordre le plus logique!

Trouve le mot magique!
- Recopie les rayons dans la grille correctement.
- Complète le slogan avec le mot magique.

| STURIF | GILORENBEUA | SMEGELU |
| HIRUOBECE | ISITARPESE | SOSINBOS |

| S | U | P | E | R | - | G | | C' | E | S | T |

| | | | | | | ! |

1 kg de saucisson
500g de tomates
3 baguettes
6 glaces
12 yaourts
1 kg de steak
1 bouteille de limonade
200g de fromage
tarte aux fraises

G C'est devant ou derrière?

Thierry cherche des tomates.

1 • Ecoute, complète et chante la chanson.

C'est après? Non, (**1**)
C'est (**2**)? Non, devant!
C'est entre les sardines et le café?
C'est en face? Non, (**3**)
C'est (**4**)? Non, c'est près!
C'est à gauche? Non, c'est à (**5**) de l'entrée!

à côté
loin
derrière
droite
avant

2 ◆ • Ecoute les conversations et lis les réponses de l'employée 1-6. • Ecris vrai ou faux.

Exemple: **1 = faux**

1 La boucherie est à côté du poisson.
2 La pâtisserie est près de la boulangerie.
3 L'alimentation générale est après la charcuterie.
4 Les surgelés sont à droite de l'alimentation.
5 La boulangerie est à gauche des fruits et légumes.
6 La laiterie est avant les boissons.

♣ • Fais ◆ et corrige les erreurs.

Exemple: **1 = faux, en face**

3 • Fais correspondre les dessins **1-6** avec les phrases **a-f**, et complète les phrases avec: **entre, à gauche, à droite, loin, derrière, en face.**

Exemple: **I = b : à gauche de l'entrée**

a ...les boîtes
b ...de l'entrée
c ...des surgelés
d ...du supermarché
e ...les fruits et les légumes
f ...de la boulangerie

c'est...	avant/après (le poisson) devant/derrière (la boulangerie) entre (les fruits et les légumes)		
	en face/à côté près/loin à gauche/à droite	du de la de l' des	(supermarché) (charcuterie) (alimentation générale) (surgelés)

4 • Lis la conversation et remplis les blancs avec **du, de la, de l', des.**

Client Pardon, je cherche une boîte de sardines...

Employé(e) A gauche (**1**) fruits et légumes.

Client Ah, à côté (**2**) entrée.

Employé(e) Non, c'est allée numéro trois, en face (**3**) charcuterie.

Client C'est près (**4**) poisson?

Employé(e) Pas loin. Un peu avant. A droite (**5**) charcuterie.

Client Merci.

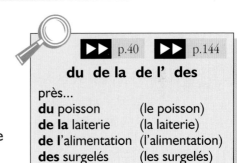

▶▶ p.40 ▶▶ p.144

du de la de l' des

près...
du poisson (le poisson)
de la laiterie (la laiterie)
de l'alimentation (l'alimentation)
des surgelés (les surgelés)

5 Où est le génie?

◆ • Regarde le plan (page 37), lis ses instructions et écris la bonne lettre (A, B, C ou D).

Je suis après les boissons, et avant la boucherie, en face des fruits et légumes mais entre le poisson et le jambon! Où suis-je?

♣ • Ecris des instructions. Ton/ta partenaire devine la lettre?

6 *A toi!*

• Invente une conversation au supermarché. Adapte la conversation de l'exercice 4.

H Point Langue

de, du, de la, de l', des 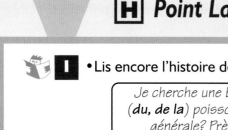 ▶▶ p.144

1 •Lis encore l'histoire de Thierry, page 38 et choisis l'expression correcte.

> *Je cherche une boîte (**de, des**) tomates... A côté (**du, de la**) poisson? En face (**d', de l'**) alimentation générale? Près (**des, de**) fruits et légumes? A droite (**du, de la**) charcuterie? Oh, là là...*

 *Pour utiliser **de**...*

Use **de** or **d'** with containers and quantities:

> un pot **de** yaourt   *a tub of yogurt*   un litre **d'**eau   *a litre of water*

The following expressions also contain **de**:

en face **de** *opposite*	près **de** *near*	à gauche **de** *to the left of*
à côté **de** *beside*	loin **de** *far from*	à droite **de** *to the right of*

When de would be followed by **le**, **la**, **l'**, or **les**, use the following:

de + le	**du**	C'est en face **du** café? Tu es sûr?	(le café)
de + la	**de la**	C'est près **de la** boucherie.	(la boucherie)
de + l'	**de l'**	C'est à côté **de l'**entrée.	(l'entré)
de + les	**des**	Les surgelés? Près **des** surgelés?	(les surgelés)

2 ◆ •Fais correspondre I-8 avec **a-h**.

Exemple: **I, b**

1 Je voudrais un litre d'...
2 Les boissons sont à gauche de la...
3 Vous avez un kilo de...
4 Les fruits et légumes sont à droite de l'...
5 Je voudrais six tranches de...
6 La charcuterie est à côté du...
7 Et je cherche une boîte de...
8 L'alimentation générale est près des...

a poisson
b eau minérale
c fruits et légumes
d jambon
e laiterie
f tomates
g entrée
h sardines

♣ •Complète les phrases avec **de**, **du**, **de l'**, **de la**, ou **des**.

Je voudrais un demi-litre **1** lait.

Les boissons? En face **2** laiterie.

La laiterie? A côté **3** fruits et légumes.

Les caisses sont à gauche **4** entrée.

Vous avez une boîte **5** sardines?

La pâtisserie? A droite **6** boucherie.

Les surgelés? Près **7** alimentation.

Les baguettes? A gauche **8** poisson.

ATELIER

 1
- Ecoute les clients difficiles 1-4.
- Note le produit et le problème.
  Exemple: **1 = un demi-litre de lait – c'est cher!**

2
- Fais un peu de théâtre.
- A : Tu es employé(e) dans un supermarché ou dans un magasin.
- B : Tu es un(e) client(e) difficile.
- Invente des problèmes (c'est trop grand…, je n'aime pas la couleur…).

Bonjour!
Vous désirez?

Je voudrais une baguette,
s'il vous plaît.

Voilà, une baguette.

Mais c'est trop long!

3
- Prépare un dépliant pour ton supermarché (voir **Super-G**, page 37).
- Dessine un plan et note les rayons.
- Invente des jeux pour le dépliant: par exemple…

Trac Mots

B	H	E	C	S	F	N	E
X	A	L	A	E	C	B	Y
P	C	G	L	M	N	C	A
E	G	A	U	U	H	E	R
V	I	U	C	G	L	T	I
J	A	I	T	E	R	I	E
	D		C	T	N		

Mots Croisés

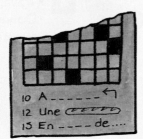

10 A _ _ _ _ _ _ ←
12 Une ⊏⊏⊏⊐
15 En _ _ _ _ de…

Cherche L'Intrus

o laiterie
o alimentation
o cher
o boucherie
o boissons

Chasse aux Trésors

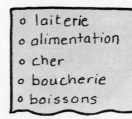

1 kg. de pommes
de terre
200 gr. fromage

☐ Pour Noël, j'aimerais ...

Oh, la veste, Thierry – c'est super! J'aimerais une veste comme ça pour Noël... Et toi? Qu'est-ce que tu aimerais?

Je ne sais pas... Qu'est-ce que tu vas acheter pour ta mère?

Je vais acheter des chocolats. Je peux regarder le catalogue?

1 un CD

2 une cassette-vidéo

3 une cravate

4 un jeu po
ordinateu

5 un jouet

6 un poster

7 un portefeuille

8 du papier à lettres

9 des articles de toilette

10 des boucles d'oreille

11 des chaussettes

12 des chocolats

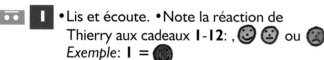

1
- Lis et écoute.
- Note la réaction de Thierry aux cadeaux 1-12: , 😀 😐 ou 😟.
  Exemple: 1 = 😟

Rappel		
😀	😐	😟
super! chouette! génial! c'est bien	pas mal... bof, ça va	c'est ennuyeux c'est nul c'est moche

2
- Travaillez à deux.
- Donnez tes opinions sur 1-12, exercice 1.

A — Tu aimerais un CD?

Oh, super! Et toi? B

A — Oui, c'est bien.

Tu aimerais une cassette-vidéo? B

3 ◆ • Complète la carte du petit frère de Thierry au père Noël.

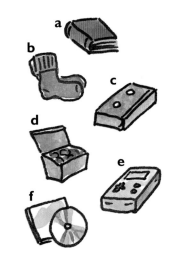

> *Cher père Noël,*
>
> *Tu viens chez moi le 24 décembre? J'ai un IBM, et j'aimerais un **(1)**, type aventure – je n'aime pas la violence! J'adore lire, alors j'aimerais aussi un **(2)**. Pour ma sœur, Camille, un **(3)** (elle adore la musique), et une **(4)** Disney. On adore les bonbons, alors pour manger, des **(5)**. Et pour mon frère Thierry, rien! Il m'énerve!*
>
> *Merci! Stéphane (6 ans)*
>
> *P.S. Je ne veux pas de vêtements! Je déteste les **(6)**!*

♣ • Lis l'article et choisis un cadeau pour...

a ton petit frère de 6 ans   **b** un ami de 13 ans   **c** ta cousine de 10 ans
d une copine dans ta classe   **e** ta sœur, qui a 17 ans   **f** ta grand-mère

Qu'est-ce tu vas acheter pour tes frères, tes sœurs et tes copains?

Voici les idées de M. Laforgue, vendeur aux Galeries Vendôme, pour vous

Les **garçons de 5-10 ans** aiment traditionnellement les trains, les voitures et les maquettes d'Airfix. Aussi populaires sont les cassettes-vidéo, surtout les films comiques. Les **filles de 5-10 ans** préfèrent des affaires personnelles – du papier à lettres, un porte-monnaie, du savon, du gel de bain... Mais on vend aussi beaucoup de jeux de société, comme le Monopoly. Les livres sont toujours populaires avec les garçons et les filles.

Mais pour les **ados de 11 ans et plus** ça va coûter plus cher! Ils aiment les cassettes, les CD, les jeux pour ordinateur. Tu cherches un cadeau qui n'est pas cher? Il y a des posters, des articles de toilette ou des trucs pour la trousse: bics, gommes, feutres etc. **Les adultes** aussi apprécient de petits cadeaux: un cahier, un stylo ou des chocolats. Allez-y: bonne chance!

4

• Fais ta liste. Utilise le dictionnaire, si tu veux.

Exemple: **Pour ma mère, je vais acheter un portefeuille.**

• Ensuite, explique à ton/ta partenaire.

A   *Qu'est-ce que tu vas acheter pour ton père?*

Je vais acheter une cravate. Et toi?   B

Qu'est-ce que tu aimerais pour Noël?	J'aimerais...	un CD
Qu'est-ce que tu vas acheter pour ton (père)/ta (sœur)?	Je vais acheter...	une cravate

J On fête Noël chez toi?

1 On fête Noël?

◆ • Ecoute les cinq jeunes et note ✓ ou ✗.
Exemple: 1 = ✓

♣ • Fais ◆ et ajoute des détails: le jour important, le pays.
Exemple: 1 = ✓, **la veille de Noël, Canada.**

la veille de Nöel	le 24 décembre
le jour de Noël	le 25 décembre
la Saint-Sylvestre	le 31 décembre
le jour de l'an	le 1 janvier

2
Le frère de Thierry est curieux: son ami Marc fête Noël en Guadeloupe cette année.

• Ecoute la conversation et choisis la bonne réponse.

Exemple: 1 = **b**

1 On fait un sapin?
- **a** Oui, dans la salle à manger.
- **b** Oui, dans le séjour.
- **c** Non.

2 On fait des décorations?
- **a** Oui, pour la table.
- **b** Oui, pour toute la maison.
- **c** Non.

3 Pour le père Noël, on met quelque chose?
- **a** Oui, on met des chaussettes.
- **b** Oui, on met des chaussures.
- **c** Non.

4 On va à l'église?
- **a** Oui, à minuit.
- **b** Oui, le matin.
- **c** Non.

5 On fait un grand repas?
- **a** Avec de la famille.
- **b** Avec des amis.
- **c** Non.

6 On offre des cadeaux?
- **a** Oui, le jour de Noël.
- **b** Oui, le six janvier.
- **c** Non.

3
• Travaillez à deux.
• Posez les questions 1-6 de l'exercice 1 et répondez.

A *On fait un sapin chez toi?*

Oui, dans le séjour. B

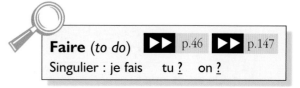

Faire (*to do*) ▶▶ p.46 ▶▶ p.147
Singulier : je fais   tu **?**   on **?**

4 ◆ • Lis la lettre et mets les dessins **a-f** dans l'ordre de la lettre.

♣ • Cherche les équivalents des phrases **1-5** dans la lettre.

Exemple: **1 = on fait des préparatifs**

1 on prépare
2 Qu'est-ce qu'on fait chez vous?
3 on offre des cadeaux
4 on fait un grand repas
5 chez mes grands-parents, on fait un sapin

• Vérifie les mots soulignés dans le glossaire.

a
b
c
d
e
f

Salut, Thierry! On fête Noël en Écosse et c'est très différent ici! En France, je fais un sapin le 23 décembre, mais mes grands-parents font le sapin très tôt: le 15 décembre. Tu fais des décorations chez toi? Ici, on achète des décorations. Pour les cadeaux, on va au marché, au centre-ville, ou on fait les magasins à Glasgow. Le 24, on fait les préparatifs pour le jour de Noël. Le soir, on met des chaussettes (pas de chaussures!) pour le père Noël. Le jour de Noël, on va à l'église le matin et après on se donne les cadeaux. Ensuite, à midi, nous faisons un grand repas.

Ici, on fête la Saint-Sylvestre. D'abord, le soir, on invite la famille ou on va chez des amis. On mange, on boit (du whiskey!) et puis, à minuit, on chante la chanson 'Auld lang Syne'. Qu'est-ce que vous faites à Noël? Je passe un week-end chez vous en janvier, non? A bientôt

Ta cousine, Hélène.

 5 ◆ • Écoute la conversation pendant la récréation entre Rémy, Thierry et Hayoon. Qui...
1 ...ne fête pas Noël?
2 ...fait deux sapins?
3 ...aimerait un jeu pour ordinateur?

♣ • Prends des notes pour chaque personne: Jour important...? Cadeaux...? Aime...?

On fête Noël chez toi?	
Chez moi/En France, Angleterre, Ecosse...	
On (ne) fête (pas) (le jour de Noël)	avec des amis avec la famille
Qu'est-ce que tu fais?	
Je fais/On fait... un grand repas, un sapin, des décorations	
On met des chaussures/chaussettes pour le père Noël	
On offre des cadeaux	
On va à l'église	

 6 *A toi!*

Qu'est-ce que tu fais à Noël?
• Décris la fête chez toi.
◆ • Utilise des photos, ajoute des bulles.
♣ • Fais une description plus longue: utilise la lettre de l'exercice 4 comme modèle.

Stratégie
Pour une description plus intéressante, utilise:
mais, et après, d'abord, ensuite, puis

1 • Lis encore la lettre d'Hélène, page 45. • Remplis les blancs avec **je**, **tu**, **on**.

Salut, Thierry! On fête Noël en Écosse et c'est très différent ici! En France, **(1)** fais un sapin le 23 décembre, mais mes grands-parents font le sapin très tôt : le 15 décembre. **(2)** fais des décorations chez toi? Ici, on achète des décorations. Pour les cadeaux, on va au marché, au centre-ville, ou **(3)** fait les magasins à Glasgow.

Comment utiliser **faire**

Faire (to do, make)

je	fais	I		do, make
tu	fais	you		do, make
il/elle	fait	he/she		does, makes
on	fait	one		does, makes
		(we		do, make)
nous	faisons	we		do, make
vous	faites	you		do, make
ils/elles	font	they		do, make

Exemples:
Je fais des décorations.
Qu'est-ce que **tu fais** à Noël?
En Angleterre, **on fait** un gâteau.
Marc et moi, **nous faisons** des cartes de Noël.

I make decorations.
What do *you do* at Christmas?
In England, *one makes/we make* a cake.
Marc and I *(we) make* Christmas cards.

2 ◆ • Lis le message de Ric Rien.
• Remplis les blancs avec **fais** ou **fait**.

♣ • Remplis les blancs avec la partie correcte de **faire**.

Noël? Je ne fête pas Noël.
Tu _____ les magasins?
Moi, je ne _____ pas les magasins.
Ici, on ne _____ pas de décorations.
Chez vous, on _____ un grand repas?
Ici, je _____ un sandwich.

Noël
Chez moi le vingt-quatre,
je ____ presque tout!
Dans ma famille, on travaille
comme des fous!
Papa ____ le repas
toute la journée.
Maman ____ les courses
au marché.
Moi et mon frère
nous ____ le sapin.
(Mais mes sœurs jumelles?
Elles ne ____ rien!)
C'est le grand désordre —
on ____ tout pêle-mêle.
Qu'est-ce que vous ____
à Noël?

ATELIER

1 Trouve la lettre mystère dans chaque cadeau, puis trouve le cadeau d'Hélène.
• Invente un autre puzzle pour un(e) ami(e).

s	e	a		c	s	e	t
	v	a		t	a	c	e
	i	d		é	v		
	o	t		e	j		
h	a	l		o	t	c	c	o
		o		p	r	t	e
	r	a		i	p	p	

v i d é o

Le cadeau d'Hélène à Thierry, c'est une _ _ _ _ _ _ _ _ .

2 Thierry/Thérèse Tout et Ric/Reika Rien sont très différents. Ils/elles se présentent à ta classe. Avec un(e) partenaire, écris le scénario et joue la scène.

Regarde les questions 1-6, page 44.

Je suis Ric Rien.

Pour Noël, j'aimerais un repas...

Je suis Thierry Tout.

Pour Noël, J'aimerais un ordinateur, des CD, une bicyclette...

3 • Complète la description de la **bûche de Noël**. Utilise ton dictionnaire.

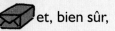

bûche de Noël

La bûche de Noël est un dessert typique. C'est une sorte de .

On fait la bûche avec de la , des 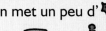 , du , du ✉ et, bien sûr,

beaucoup de 🍫 Dessus, on met un peu d' 🌿 . On mange la bûche

comme dessert et avec, on boit un 🍸 de 🍾 .

chocolat   œufs   sucre   champagne   gâteau   farine   houx   beurre   verre

L   O N   R E V I S E

1 • Ecoute les conversations 1-9 dans le magasin d'alimentation.
◆ • Fais correspondre les articles et les prix.
Exemple: **a = 17F 95**
♣ • Fais ◆ et note la quantité.
Exemple: **a = 17F 95: 500 grammes.**

4F80   32,95   17F95   52F90 le kg   20F70

6F95   F9.95   25F60   4,75

2 Tu vas au supermarché pour acheter les articles **a-i**.
• Note les rayons.
Exemple: **a = la laiterie.**

3 • Ecris une description de ta correspondant/e pour le magazine de la classe. Continue...

> J'ai une nouvelle correspondante française! Elle s'appelle...

Nom:	Mireille Arlaud
Ville:	Saint-Denis, Ile de la Réunion
Age:	14
Anniversaire:	23/7
Famille:	père, (réceptionniste, Hôtel Viviers), mère (employée de banque), frère Tony (11 ans), sœur Nicole (5 ans)

4 Tu veux des cadeaux pour les enfants de Roumanie ou de Bosnie.
• Ecris ta liste.

5 • Fais correspondre **1-6** avec **a-f**.

1 Bonjour, vous désirez?
2 De quelle couleur?
3 Noir? Non, je regrette.
4 Un moment... voilà. C'est joli, le bleu.
5 D'accord. Voici un autre pull.
6 Quarante-neuf francs.

a Vous avez un pull bleu ?
b C'est parfait! Ça fait combien?
c Oh, c'est trop cher... Merci, au revoir.
d Je cherche un pull.
e Oui, c'est joli, mais c'est un peu juste.
f Noir.

6 ◆ • Fais le dialogue de l'exercice 5 avec un(e) partenaire.

♣ • Invente un autre dialogue: change les mots soulignés.

 7 • Lis la brochure de Noël.

HÔTEL LA DESIRADE, GOSIER, GUADELOUPE.

Vous désirez quelque chose de différent à Noël? Venez en Guadeloupe, une belle île tropicale des Caraïbes. Ici, Noël est superbe!

PROGRAMME

le 24 à 23h: repas traditionnel, avec visite du père Noël.

le 25 12 - 15h: déjeuner tropical (self-service) à la piscine.
à 20h: dîner magnifique, avec des spécialités guadeloupéennes.

le 31 à 22h: musique et danse avec barbecue.

VISITES
• Excursion à l'Aquarium de Gosier: poissons tropicaux.
• Visite de Fort Leur d'Epée: remparts, arbres fleuris, musée.
• Messe à l'église de St. Pierre et Saint Paul, Pointe-à- Pitre (bus gratuit).

DANS VOTRE CHAMBRE
• Sapin décoré, mini-bar, chocolats et bouteille de champagne gratuits!

UN JOYEUX NOËL À TOUS NOS CLIENTS!
prix: 1000f par personne par jour

◆ • On parle de **a-h**? Ecris ✔ ou ✘ .

♣ • Réponds aux questions **1-5**.
1 On fête Noël à l'hôtel?
2 Qu'est-ce qu'on fait le 24?
3 Il y a un grand repas le jour de Noël?
4 On fait quelque chose pour la Saint-Sylvestre?
5 Ça fait combien par jour?

Une invitée idéale?

A Tu as ta brosse à dents?

Allez, vite, Anaïs! Tu as ta brosse à dents? Ton dentifrice?

Ah, oui, oui...! Et mon savon!... Et mon parapluie!...

Salut, Anaïs!

Oh, mon argent!

1 • Ecoute et choisis la photo (**a-f**) et ✔ ou ✘.
Exemple: **I = d** ✔

 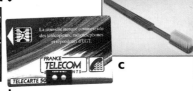

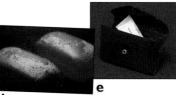 

a   b   c   d   e   f

2 • Travaillez à deux, à tour de rôle.
• A : Choisis une photo en secret.
• B : Devine.

> **On écoute bien**
> *D'abord, regarde les instructions et les photos: ça va, le vocabulaire?
> *Ensuite, écoute la cassette.

◆ A ••• *Du savon*

      Tu as du dentifrice? B

A   *Du dentifrice? Non!*

      Tu as du savon? B

A   *Du savon? Oui!*

♣ A ••• *Du savon*

      Tu as du dentifrice? B

A   *Non, je n'ai pas de dentifrice.*

      Tu as du savon? B

A   *Oui, j'ai du savon.*

Rappel	▶▶ p.144
Positif	**Négatif**
J'ai une règle/du savon/des bonbons.	Je n'ai pas **de** règle/**de** savon/**de** bonbons.
J'ai de l'argent	Je n'ai pas **d'**argent.

Tu as	un/ton porte-monnaie?
	une/ta brosse à dents?
	une/ta télécarte?
	du/ton dentifrice?
	du/ton savon?
	de l'argent/ton argent?
Oui, j'ai	du savon/mon savon
	une télécarte/ma télécarte
Non, je n'ai pas	de savon
	d'argent

3 •Invente un jeu pour ton/ta partenaire avec les mots de .
   Exemple: **du d_nt_fr_c_**

4 ◆ •Recopie l'intrus.

I un pull	du dentifrice	des baskets	un T-shirt
2 du savon	du dentifrice	de l'argent	une brosse à dents
3 de l'argent	un portefeuille	un porte-monnaie	un parapluie
4 un cahier	du savon	une trousse	un stylo
5 un chèque	de l'argent	un maillot de bain	des francs
6 du shampooing	du poulet	du déodorant	une brosse à dents

♣ •Lis **I** et **2**. Pour chaque paragraphe, choisis **une** lettre; **a**, **b**, **c** ou **d**?

1
C'est long, le voyage en train? Demande aux profs. Apporte un jeu électronique ou un scrabble de voyage. Prends aussi à boire et à manger pour toi et tes copains. Tu dois faire un projet? Prends du papier et des stylos.

2
Tu es bien préparé(e)? Qu'est-ce que c'est, la capitale? On parle français? N'oublie pas ton appareil photo. Apprends à dire au minimum oui, non, s'il vous plaît, et merci dans la langue: c'est plus sympa. Bien sûr, tu dois changer de l'argent dans une banque ou dans une agence de voyages.

a week-end en hôtel au bord de la mer
b week-end en camping à la montagne
c week-end en voyage scolaire
d week-end dans un autre pays

5 *A toi!*

•Fais un poster-conseils au choix pour un...
  – week-end chez un copain/une copine.
  – week-end à la montagne.
  – week-end au bord de la mer.

◆ •Ecris des choses utiles...   *Exemple:*

♣ •Ecris un paragraphe.
  •Utilise des expressions utiles de l'exercice 4 .
   Prends...   N'oublie pas...   Apporte...

Week-end en camping
Des baskets   Un short et un T-shirt
une casquette
Un pique-nique   Et des copains!

B Qu'est-ce que tu veux faire?

1
- Lis la bande dessinée.
- Recopie et complète le paragraphe.

> Anaïs est ⬤ Thierry. Elle voudrait ⬤ ce ⬤. Elle aime ⬤.
> Thierry aimerait bien rester à la ⬤ pour regarder un ⬤.

sortir   chez   maison   danser   match   soir

2
- Ils vont où?
- Ecoute et choisis la lettre.
  Exemple: **1 = a**

3
- Recopie **a-h** dans l'ordre chronologique.
  Exemple: **Ce matin,...**

a Ce soir   c Ce matin   e Demain soir   g Demain matin
b Demain midi   d A midi   f Cet après-midi   h Demain après-midi.

Qu'est-ce que tu veux faire?		J'aimerais bien	rester à la maison	Moi, non/Moi aussi
Quand?	ce matin? cet après-midi? ce soir? demain? demain soir?	On peut On pourrait ... ou...	sortir aller à la patinoire à la discothèque au bowling	

4 • Ecris une activité par colonne.

ce matin	à midi	cet après-midi	ce soir	demain matin	demain midi	demain après-midi
Exemple: **bowling**						

- Comparez à deux: vous avez des activités en commun?
- Ensuite, travaillez à deux: préparez un weekend actif.

A — *Qu'est-ce que tu veux faire ce matin?*

J'aimerais bien aller à la bibliothèque. Et toi? — B

A — *Moi, non. J'aimerais bien aller au bowling.*

5 • Ecoute les trois dialogues.
- Regarde **a-l** et écris vrai ou faux.
  Exemple: **a = faux**

On écoute bien
*Ecoute bien les mots-clés des questions.
Exemple: – Tu veux sortir **quand**?

	Quand?		Où?		Pourquoi?		Permission?
1	**a** ce soir	**b**		**c** *Bonne fête!*			**d** Oui
2	**e** cet après-midi	**f**		**g** *Hourra! C'est le week-end!*			**h** Non
3	**i** demain soir	**j**		**k**			**l** Oui

  6 *A toi!*

- Travaillez à deux.
  - Pratiquez le dialogue.
  - Inventez un autre dialogue:
- ◆ Change les mots en rouge.
- ♣ Ajoute des questions (Pourquoi? A quelle heure?) et des opinions.

– Je peux sortir?
– Qu'est-ce que tu veux faire?
– J'aimerais bien **aller à la patinoire**.
– Quand?
– **Jeudi midi**.
– Avec qui?
– On pourrait inviter **ma cousine**.
– Bon, d'accord.

C Je peux prendre une douche?

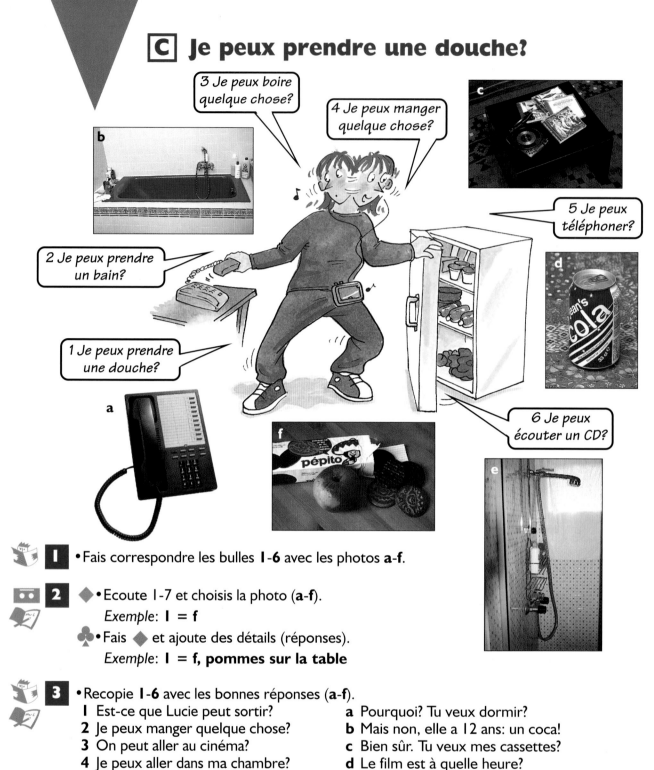

3 Je peux boire quelque chose?

4 Je peux manger quelque chose?

5 Je peux téléphoner?

2 Je peux prendre un bain?

1 Je peux prendre une douche?

6 Je peux écouter un CD?

1. • Fais correspondre les bulles **1-6** avec les photos (**a-f**).

2. ◆ • Ecoute 1-7 et choisis la photo (**a-f**).
   Exemple: **1 = f**
   ♣ • Fais ◆ et ajoute des détails (réponses).
   Exemple: **1 = f, pommes sur la table**

3. • Recopie **1-6** avec les bonnes réponses (**a-f**).

   1 Est-ce que Lucie peut sortir?
   2 Je peux manger quelque chose?
   3 On peut aller au cinéma?
   4 Je peux aller dans ma chambre?
   5 Est-ce qu'Anaïs peut boire une bière?
   6 Je peux écouter de la musique?

   a Pourquoi? Tu veux dormir?
   b Mais non, elle a 12 ans: un coca!
   c Bien sûr. Tu veux mes cassettes?
   d Le film est à quelle heure?
   e Pourquoi? Elle veut aller danser?
   f Oui. Tu veux du poulet et des chips?

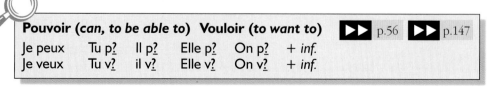

Pouvoir (can, to be able to)			Vouloir (to want to)	►► p.56 ►► p.147	
Je peux	Tu p?_	Il p?_	Elle p?_	On p?_	+ *inf.*
Je veux	Tu v?_	il v?_	Elle v?_	On v?_	+ *inf.*

4
- Découpe les six cartes-dessins de la feuille 1.
- Travaillez à deux, avec six cartes par personne.

A  → Est-ce que je peux manger quelque chose?

B  → Oui, bien sûr.

B  → Non, mais tu peux prendre une douche.

- Changez de rôle.
  Une permission = 1 point. Qui gagne?

 5
- Recopie et complète le dialogue avec les mots de la case.

> **On lit bien**
> Regarde bien les phrases avant et après.

- Pratiquez le dialogue à deux.
  - ◆ Adaptez le dialogue: changez le rôle A.
  - ♣ Faites un dialogue plus long.

Exemple:

> – Maman, je voudrais sortir. Est-ce que je peux aller au bowling en ville?
> – Tu veux sortir avec qui? Ton cousin?

A Je peux aller à la patinoire?
B ....
A Avec Ismaël.
B ....
A Ce soir.
B ....
A A six heures.
B ....

> – D'accord.
> – Quand?
> – A quelle heure?
> – Avec qui?

Je peux sortir?

(Est-ce que) Je peux		
Tu peux	prendre un bain	
(Est-ce que) Marc peut	prendre une douche	
(Est-ce qu') Il peut	téléphoner à mes/tes parents	?
(Est-ce qu') On peut	écouter un CD	
Je veux	manger quelque chose	
(Est-ce que) Tu veux	boire une limonade	
(Est-ce que) Lucie veut		
(Est-ce qu') Elle veut		

Pouvoir (can, to be able to)   Vouloir (to want to)

▶▶ p.147

1 • Lis la bulle. Tu comprends la différence entre:
je peux et **je veux**?   **tu peux** et **tu veux**?

> *Tu peux prendre une douche si tu veux, mais moi, je veux prendre un bain.*

> *Je veux téléphoner toute seule à mon copain, alors toi, tu peux aller dans le jardin.*

> *Mon copain veut sortir avec moi: tu peux faire une promenade avec le chien?*

> To say what people **can** do, use **pouvoir** + *infinitif*.
> To say what people **want** to do, use **vouloir** + *infinitif*.

POUVOIR		**VOULOIR**	
je peux	I can	je veux	I want to
tu peux	you can (*s*)	tu veux	you want to (*s*)
il/elle peut	he/she can	il/elle veut	he/she wants to
Anaïs peut	Anaïs can	Anaïs veut	Anaïs wants to
on peut	one can/we can	on veut	one wants/we want to
nous pouvons	we can	nous voulons	we want to
vous pouvez	you can (*pl*)	vous voulez	you want to (*pl*)
ils/elles peuvent	they can	ils/elles veulent	they want to
Luc et Tim peuvent	Luc and Tim can	Luc et Tim veulent	Luc and Tim want to

2 ◆ • Recopie et complète avec le bon verbe.

1 – Tu veux/veut inviter Jérémy?
– Merci, papa. Je peux/peut téléphoner?

2 – Tu veux/veut aller au stade avec moi?
– Oui, je peux/peut sortir à 3h.

3 – On peux/peut faire du vélo?
– Non, je veux/veut aller en ville.

4 – Maman! Le chien veux/veut sortir!
– Tu peux/peut ouvrir la porte, non?

♣ • Fais ◆ et complète avec la forme correcte de **pouvoir** ou **vouloir**.

5 – Ils (pouvoir) sortir ce soir?
– Oui, mais ils (vouloir) regarder la télé.

6 – Nous (vouloir) acheter des télécartes.
– Vous (pouvoir) aller au supermarché.

7 – Nous (pouvoir) aller en Espagne?
– Vous ne (vouloir) pas rester ici?

8 – Mes copains (vouloir) sortir.
– Ils (pouvoir) sortir seuls, non?

ATELIER

I • Ecoute et chante.

Vive les week-ends!

Qu'est-ce que tu veux faire demain?
Qu'est-ce que tu veux faire demain?
Aller à la patinoire?
Ou sortir très tard le soir?

Je veux travailler demain!
Je veux travailler demain!
Pour finir tous mes devoirs
Et réviser mon histoire.

Tu peux travailler lundi!
Tu peux travailler lundi!
Le samedi, c'est pour sortir,
Et le dimanche, c'est pour rire.

D'accord, je viens avec toi!
D'accord, je viens avec toi!
J'ai tous mes devoirs à faire
Mais vive les week-ends en plein air!

---

2 **Le jeu du bac**   Joueurs: 4 ou 5. Matériel: papier et stylos.

• Recopie la grille.
• Un joueur choisit une lettre de l'alphabet, par exemple **-s-**.
• Les joueurs écrivent des mots en **-s-** .
• Après une minute, comparez les listes.
◆ Un mot acceptable = 1 point (petites fautes OK)
♣ Un mot 100% correct = 1 point.

	Dans la cuisine	Dans la salle de bains	Dans la salle de classe	Dans ma commode	En ville
Exemple: **s**	**sandwich**	**savon**			

E Il est quelle heure?

 1 • Ecoute 1-10. Regarde **a-l** et choisis la lettre. *Exemple:* **1 = f**

2 • Lis **1-9** et regarde **a-l** (exercice 1).

◆ • Choisis la lettre.

Exemple: **1 = g**

♣ • Fais ◆ et écris l'heure pour les trois autres dessins.

1 Il est six heures et quart.
2 Il est dix heures vingt.
3 Il est onze heures.
4 Il est trois heures dix.
5 Il est quatre heures vingt-cinq.
6 Il est deux heures et demie.
7 Il est huit heures cinq.
8 Il est midi et demi.
9 Il est minuit.

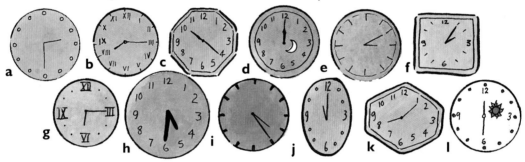

Il est quelle heure?	
Il est	une heure
	sept heures cinq (7h05)
	dix (7h10)
	et quart (7h15)
	vingt (7h20)
	vingt-cinq (7h25)
	et demie (7h30)
	midi ☀ et demi
	minuit 🌙
Il faut rentrer	à quelle heure?
	à neuf heures.

On écoute bien

Attention à l'ordre des mots: Il est **huit** heures **dix**.

It is **ten** past **eight**.

58   cinquante-huit

3 • Travaillez à deux...

... avec les dessins (exercice 1):

A — *Il est trois heures et demie.*

h! B

A — *Correct. Un point!*

... avec des programmes télé:

A — *C'est lundi. Je regarde EastEnders.*

Il est sept heures et demie. B

A — *C'est faux. A toi.*

 4 • Ecoute 1-7. Il faut rentrer à quelle heure?
• Note l'heure.
Exemple: **1 = 7h15**

5 ◆ • Tu invites un copain/une copine. Adapte le modèle **A**:
– match (tennis, centre sportif, dimanche, 2h30).
– parc
– rentrer: 7h30.
♣ • Tu invites un copain/une copine.
• Lis les modèles **A**, **B** et **C** et écris un message.

A

Salut!

Tu peux <u>aller au cinéma</u> avec moi samedi après-midi? Il y a <u>un film avec Brad Pitt</u> à 3h20. Après, on peut <u>aller à la cafétéria</u>, mais il faut rentrer <u>à 6h30</u>. Téléphone-moi!

Viviane

B

Salut!

Tu vas au parc safari avec nous dimanche? On a un billet pour toi. Tu peux arriver chez moi à 11h? Le soir, je dois rentrer avant sept heures parce que lundi, c'est le collège. Réponds vite.

Karim

C

Salut Philippe!

Je vais au bowling avec des copains vendredi soir. Tu es libre? Je t'invite! On va au bowling à 6h. Tu peux arriver chez moi à 5h15? Il y a un bus à 5h30. On pourrait rentrer à 8h30. C'est d'accord?

Fabienne

Vite, Cendrillon! Il faut rentrer avant minuit!

F Qu'est-ce que tu veux regarder?

On peut regarder les variétés à la télé?

Désolé, il y a les informations à 8h.

Un jeu-télé à 8h30, ça t'intéresse, Anaïs?

Ben, papa! Et le sport?!?

 1 ◆ • Ecoute 1-7 et choisis **a-g** dans 🗝.
• C'est à la télé ce soir? Ecris ✔ ou ✘.
  Exemple: **1 = e ✔**

♣ • Fais ◆ et écris l'heure (réponses positives).
  Exemple: **1 = e ✔, 8h30**

 2 • C'est quelle sorte de programme?
• Recopie et complète.

1 un f - - m	**5** des des - - - - - - -més
2 les - - for - - tions	**6** du s - - - t
3 des var - - - - -	**7** un éééultj-
4 un f - - - - leton	

> **Qu'est-ce qu'il y a à la télé?**
> Il y a...
> On peut regarder...? **a** un film
> **b** un jeu-télé
> **c** un feuilleton
> **d** des dessins animés
> **e** du sport
> **f** les informations
> **g** des variétés
>
> **C'est à quelle heure?**
> (C'est) à huit heures...
> ... moins vingt-cinq
> vingt
> le quart
> dix
> cinq

 3 • Travaillez à deux.
• A : Dis une heure.
• B : Ajoute cinq minutes.

A *Il est huit heures moins vingt.*

Il est huit heures moins le quart. B

A *Correct. Un point. A toi!*

> **On prononce bien**
> **-é = -er = -ez**
> *Ecoute* et *répète*:
> la tél**é**   des variét**é**s
> des dessins anim**é**s   une tél**é**carte
> regard**er**   vous pouv**ez**   téléphon**er**

 4 • Ecoute l'heure et choisis **a**, **b** ou **c**.

1 a 10h20	**b** 10h40	**c** 11h20	**5 a** 11h15	**b** 11h45	**c** 12h15
2 a 3h10	**b** 3h50	**c** 4h10	**6 a** 2h05	**b** 2h55	**c** 3h05
3 a 7h15	**b** 7h30	**c** 8h15	**7 a** 9h20	**b** 9h40	**c** 10h20
4 a 6h25	**b** 6h35	**c** 7h25	**8 a** 12h15	**b** 12h05	**c** 12h45

5
- Lis **1-6** et regarde le **PROGRAMME SPECIAL FETES.**
- Ecris l'heure.

1 Popeye	**3** Sherlock Holmes	**5** Robocop
2 Top Models	**4** Géronimo	**6** Dallas

PROGRAMME SPECIAL FETES

2h15

Film sur un grand chef indien du Far West américain.

3h55

Problèmes de famille et d'argent dans un ranch au Texas.

4h50

Un policier-robot cherche des gangsters et des assassins.

5h45

Dessin animé avec le marin qui adore les épinards et déteste Brutus.

6h05

A Londres au 19e siècle, le célèbre détective cherche un assassin.

7h45

Le luxe, des vêtements superbes... un film sur les stars de la mode.

6
- Ecoute et complète. *Exemple*: **1** = **Informations**

1 6h30 _____	**6** _____ Reportage (Australie)
2 _____ Documentaire	**7** 1h _____
3 9h _____	**8** _____ Sport
4 _____ Variétés	**9** 2h05 _____
5 11h20 _____	

7
- Travaillez à deux.
- A : Regarde le programme **A**.
- B : Regarde le programme **B**, p.156.
- Complétez le programme télé.

A — *Qu'est-ce qu'il y a à 6h30?*

Il y a des informations. B

A *Il y a un jeu-télé à quelle heure?*

A... B

A

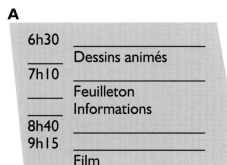

6h30	_____
_____	Dessins animés
7h10	_____
_____	Feuilleton
	Informations
8h40	_____
9h15	_____
_____	Film

G Tu aimes la science-fiction?

On va au lit?

Moi, non. Il y a un film dans 10 minutes.

Désolée, mais c'est un film de violence. Et regarde l'heure!

Allez, au lit!

Moi, les films de violence, ça m'amuse!

 1 • Travaillez à deux. Donne l'opinion.

A — Dessin e?

Ça m'ennuie. — B

A — Oui. Un point!

 a   **b**   **c**   **d**   **e**

 2 • Ecoute 1-8.
• Ecris le type de programme et choisis le bon dessin pour l'opinion (exercice 1).

Exemple: **1 = les films de violence, b**

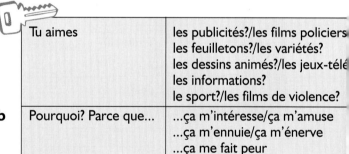

Tu aimes	les publicités?/les films policiers les feuilletons?/les variétés? les dessins animés?/les jeux-télé les informations? le sport?/les films de violence?
Pourquoi? Parce que...	...ça m'intéresse/ça m'amuse ...ça m'ennuie/ça m'énerve ...ça me fait peur

 3 • Interviewe cinq personnes sur les préférences télé.

A — Tu aimes les publicités à la télé?

Les publicités? Oui, j'aime bien ça. — B

A — Pourquoi?

Parce que ça m'amuse. — B

• Ecris les réponses dans une grille.

	ça m'intéresse	ça m'amuse	ça m'ennuie
les publicités		✔	

 Opinions   p.64  p.144

a.../some ... = **un**..., **une**...,/**des**...
the = **le**, **la**, **l'**, **les**
Exemple:
Il y a **un** feuilleton ce soir. ⟶ **Les** feuilletons, ça m'amuse.

Mais... tu donnes une opinion?
Utilise toujours **le/la/l'/les**
Exemple:

4 • Donne tes opinions sur:
   ◆ • six programmes de .
   ♣ • tous les programmes de .
   Exemple: **Les films de violence, ça m'énerve.**

5 • Regarde tes phrases de l'exercice 4.
   • Ecoute Ludovic.
   • Ecris ✔ (d'accord) ou ✗ (pas d'accord).

6 • Compare 1-8 avec la lettre de Carole.
   • Ecris vrai ou faux.

> Je regarde souvent la télé le week-end. Il y a beaucoup de films américains assez violents. La violence, dans les films, c'est amusant. Mais la violence aux informations, c'est différent et ça me fait peur. En France, il y a beaucoup de feuilletons français, anglais et américains. C'est très populaire, mais à mon avis, c'est trop énervant. Le soir, je regarde les jeux-télé. Je trouve ça intéressant parce que j'apprends beaucoup de choses. Entre les programmes, j'ignore les publicités parce que c'est embêtant.

1   *La violence dans les films, ça m'amuse.*

2   *La violence dans les films, ça me fait peur.*

3   *Les informations, ça me fait peur.*

4   *Les feuilletons, ça m'énerve.*

5   *Les jeux-télé, ça m'énerve.*

6   *Les jeux-télé, ça m'intéresse.*

7   *Les publicités, ça m'amuse.*

8   *Les publicités, ça m'énerve.*

7 *A toi!*
   ◆ • Fais un poster-graffitis sur tes opinions-télé.
   ♣ • Ecris un paragraphe: *La télé et moi.*
   Qu'est-ce que tu regardes?
   Qu'est-ce que tu aimes? Pourquoi?
   C'est quand? Et ta famille?

> Ma sœur regarde Heartbeat le dimanche soir. Moi en général, je n'aime pas beaucoup les feuilletons parce que ça m'ennuie. Quelquefois, je regarde

H Point Langue

Opinions + le/la/l'/les

▶▶ p.144

Chut!!! J'ai du chocolat et il y a un film policier à la télé.

Bof, je n'aime pas le chocolat. Et les films policiers, ça m'ennuie.

Tu comprends la différence entre:
*– **du** chocolat et **le** chocolat?*
*– **un** film policier et **les** films policiers?*

When you give opinions, always use **le**, **la**, **l'** ou **les**.

J'ai **du** chocolat. ⟶ Je n'aime pas **le** chocolat.

Il y a **un** film policier. ⟶ **Les** films policiers, ça m'ennuie.

I ◆ • Complète avec **le**, **la**, **l'** ou **les**.

– On regarde la télé? Il y a du sport.
– Oh non! **1** sport, ça m'ennuie.
– Alors, on va au cinéma?
– Je n'aime pas **2** comiques.
– C'est un film de violence.
– D'accord. **3** films de violence, ça m'amuse.
– On va manger un hamburger après?
– **4** hamburgers, c'est dégoûtant!
– Tu peux manger du poulet!
– Ah oui, **5** poulet, c'est délicieux.
– Et après, on peut écouter mes disques!
– Non! **6** musique techno, c'est nul!
– Et **7** pains au chocolat, ça t'intéresse?
– Génial!

♣ • Ecris au minimum deux phrases - opinions pour chaque catégorie:
– animaux
– à manger
– à boire
– sports
– autres loisirs

Exemple: **Les jeux-vidéo, ça m'intéresse.**
J'aime la natation, mais je préfère la pêche.
Les chips, c'est dégoûtant!

ATELIER

1

Supermag Supermag Supermag Supermag

TEENQUIZ

1 Les feuilletons,
  a ça t'amuse
  b ça t'énerve
2 La science-fiction,
  a ça t'intéresse
  b ça t'ennuie
3 Les informations,
  a ça te passionne
  b ça t'ennuie
4 Les documentaires,
  a tu trouves ça embêtant
  b ça t'intéresse beaucoup

5 Les jeux-télé,
  a tu trouves ça embêtant
  b ça t'intéresse
6 Les voyages,
  a tu adores ça!
  b tu préfères la réalité virtuelle
7 La loterie,
  a tu trouves ça génial
  b acheter des billets? Ridicule!
8 Pour ton anniversaire, tu préfères
  a une encyclopédie sur CD-ROM
  b des jeux électroniques

Résultats

1a ▼ 2a 3b 4a 5b 6b 7a 8b
1b ● 2b 3a 4b 5a 6a 7b 8a

Bilan
Tu as une majorité de ● – La fiction ne t'intéresse pas beaucoup: tu préfères la réalité.
Tu as une majorité de ▲ – En général, la réalité t'énerve: tu préfères l'imaginaire.

2 **Devine!**

Les loisirs et les médias en France.

En France, en 1994, il y a...
1 ...34/45/52 millions de téléphones.
2 ...5/11/24 millions de lecteurs de disques compacts.
3 ...2/5/8 millions de consoles de jeux Nintendo.
4 ...2/5/8 millions de consoles de jeux Sega.
5 ...des consoles de jeux électroniques dans 30/50/70% des familles.
6 ...des ordinateurs dans 20/40/60% des familles.
7 150 000/50 000/250 000 lecteurs de CD-ROM.

> lecteurs de disques compacts = ? players
> lecteurs de CD-ROM = ? drives

Réponses.
1=52 **2**=11 **3**=5 **4**=2 **5**=30% **6**=20 **7**=150 000

☐ Tu aides à la maison?

 1
◆ •Ecoute 1-7 et complète la grille avec ✔.
♣ •Fais ◆ et ajoute des détails (opinion, quand, où, avec qui).

						X
Exemple: ◆ **1**				✔		
♣ **1**				✔+ frère		

 2
•Tu aides à la maison? Ecris des notes.
•Travaillez à deux.

Exemple: ⎨ *vaisselle, chambre* ⎬

•Et ton/ta partenaire? Devine.

◆A 〔 Tu fais la vaisselle chez toi? 〕

〔 Non. 〕 B

A 〔 Tu fais la cuisine? 〕

〔 Oui, quelquefois. 〕 B

♣A 〔 Tu fais la vaisselle chez toi? 〕

〔 Non, je ne fais jamais la vaisselle. 〕 B

A 〔 Tu fais la cuisine? 〕

〔 Oui, je fais le dîner le dimanche. 〕 B

Négatif: ▶▶ p.146/7
ne... pas   ne... jamais   ne... rien

don't = ne... <u>?</u>
never = ne... <u>?</u>
nothing = ne... <u>?</u>
I do nothing = Je <u>?</u> fais <u>?</u>
I don't do the cooking = Je <u>?</u> fais <u>?</u> la cuisine.
I never do the cooking = Je <u>?</u> fais <u>?</u> la cuisine.

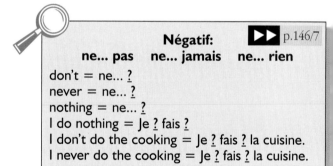

(Est-ce que) tu aides à la maison?		
Tu fais	la vaisselle	tous les jours/soirs
Je fais	la cuisine	le week-end
Je ne fais pas	les courses	de temps en temps
Je ne fais jamais	le ménage	quelquefois
	ma/ta chambre	
Je ne fais rien		

> *Moi? Je ne fais jamais ma chambre!*

3
- Ecoute Carole et écris vrai ou faux.
- Fais ◆ et corrige les phrases fausses.

1 tous les matins.

2 Carole aime bien .

3 tous les matins.

4 Elle aime bien préparer .

5 le week-end.

6 Carole fait tout .

7 Carole va au le vendredi.

On écoute bien

* Carole travaille **quand** exactement?
* Attention aux phrases **négatives**.

4
- Ecris un maximum de phrases en cinq minutes.

Exemple: **Je ne fais jamais la vaisselle le week-end.**

Je	ne	fais travaille	pas rien jamais	le ménage la vaisselle ma chambre les courses la cuisine	le samedi, etc le week-end de temps en temps quelquefois	avec ma mère avec mon père tout(e) seul(e)

5
- Qui aide le plus? Recopie les prénoms par ordre de fréquence.

Exemple: **Mehdi,...**

1 Myriam fait la vaisselle cinq fois par semaine.
2 Mehdi fait la vaisselle tous les matins et tous les soirs.
3 Arnaud ne fait jamais la vaisselle.

4 Dalila fait la vaisselle tous les matins.
5 Marc fait la vaisselle deux fois le week-end.
6 Nabila fait la vaisselle à Noël.

---

6 *A toi!*

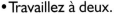

- Travaillez à deux.
- Vous aidez à la maison? Préparez et enregistrez un dialogue.
  ◆ - Regardez et l'exercice 4.
  ♣ - Ajoutez des opinions.

> *Moi, je ne fais jamais les courses. Et toi?*

> *Moi, oui, de temps en temps. Je vais au supermarché le vendredi avec...*

J Tu peux sortir le soir?

Ton père arrive à quelle heure?

A 6h. Je vais à la discothèque ce soir!

Tu sors souvent?

Je sors quand je veux, et je peux rentrer à minuit!

Mmm... J'ai des doutes...

 1 Anaïs parle avec les copains de Thierry.
- Ecoute et choisis le dessin.
- Ecoute encore et écris l'heure pour rentrer.
  Exemple: 1 = e, 8h.

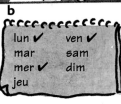

a
lun ✔	ven ✔
mar ✔	sam ✔
mer ✔	dim ✔
jeu ✔	

b
lun ✔	ven ✔
mar	sam
mer ✔	dim
jeu	

c
lun	ven
mar	sam
mer	dim
jeu	

d
lun ✔	ven ✔
mar	sam
mer ✔	dim ✔
jeu	

e
lun	ven
mar	sam
mer ✔	dim
jeu	

f
lun	ven
mar	sam ✔
mer	dim ✔
jeu	

2
- Recopie le dialogue au crayon.
- Pratiquez à deux.
  Effacez des mots.
  Pratiquez encore.

Tu peux sortir

– Tu peux sortir souvent?
– Je peux sortir une fois par semaine.
– Tu dois rentrer à quelle heure?
– Je dois rentrer à 9h.
– Tu peux aller à la discothèque?
– Je dois demander la permission.

Tu peux/Il peut/Elle peut sortir souvent?		
Je peux Je ne peux pas Il/elle peut	sortir aller	le week-end/quand je veux où je veux où il/elle veut
Tu dois/Il doit/Elle doit	rentrer	à quelle heure?
Je dois/Il doit/Elle doit	rentrer à 11h demander la permission	

 3
- Pose les deux questions à cinq personnes.
  1 Tu peux sortir souvent?
  2 Tu dois rentrer à quelle heure?
- Prends des notes.
- Tu préfères la situation de quelle personne?
  Je préfère la situation de... parce qu'il /elle...

▶▶ p.72 ▶▶ p.147
Devoir (*must / to have to*)
Je dois rentrer   Il d ? téléphoner
Tu d ? manger   Elle d ? travailler

question → réponse
tu → je
ta sœur → elle

4 ◆ • Recopie les questions, avec les réponses **a-g** dans l'ordre.

♣ • Invente des réponses.

– Tu peux sortir ?
– Et tu peux sortir quand tu veux?
– Le week-end?
– Tu dois rentrer à quelle heure?
– Et ta soeur, elle peut sortir souvent?
– Elle peut aller à la discothèque?
– Et elle peut rentrer quand elle veut?

a Je dois rentrer à 10h30.
b Pour la discothèque, elle doit demander la permission.
c Elle peut sortir trois fois le week-end.
d Non, je ne peux pas sortir en semaine.
e Non, elle doit rentrer avant minuit.
f Oui, je peux sortir.
g Moi, oui. Le vendredi ou le samedi.

5 • On ne peut pas sortir? Ecoute les excuses et choisis la lettre.
Exemple: **l = h**

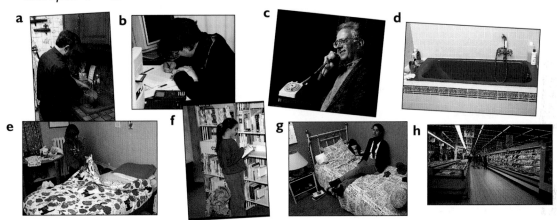

a   b   c   d

e   f   g   h

6 • Travaillez à deux.
• A : Invite B.
• B : Refuse et trouve une excuse.
• Ecoutez le modèle.

– Tu veux sortir ce soir? On va chez Nadja?
– A quelle heure?
– A sept heures, ça va?
– Tu dois rentrer à quelle heure?
– A huit heures et demie.
– Zut, je ne peux pas! Je dois faire ma chambre.

7 *A toi !*

• Tu peux sortir souvent? Ecris un paragraphe.

◆ • Adapte le modèle.   ♣ • Voici des idées.

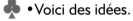

Je peux sortir <u>deux fois par semaine</u> : <u>le mercredi et le samedi</u>. Je peux <u>aller à la piscine</u>, ou je peux <u>aller chez mon copain</u>. Je dois rentrer à 9h30.

Moi, je peux sortir deux fois par semaine, le mercredi et le samedi. Ma copine Mandy peut sortir le vendredi aussi. En général, je peux aller à la piscine ou chez mon copain, mais je dois rentrer à 9h30 : c'est difficile! J'aimerais bien rentrer quand je veux. Mon frère

K C'est vraiment stupide!

A mon avis, sortir tous les soirs, c'est un peu stupide. On a des devoirs.

Allez, vite, Anaïs! Il est déjà 6h.

Tu dois réviser tes leçons, et tu dois bien dormir pour le collège!

 1 • Ecoute les opinions.

C'est un mot positif: fais

C'est un mot négatif: fais

• Travaillez à deux, avec les opinions de .

Exemple: **A** C'est stupide. **B**

A mon ton	avis,	sortir	tous les soirs, tout seul le soir, avec n'importe qui,	c'est ce n'est pas	bien/normal chouette/génial dangereux	(?)
		aller au lit à 9h, rentrer tard,			stupide/nul juste	

2 • Fais correspondre **1-6** et **a-f**.

Exemple: **1 = e**

 **a** **b**

lun
mar
mer
jeu
ven
sam
dim

 **c**

 **d**

 **e** **f**

1	Rentrer tard.	**4**	Aller au lit à 9h.
2	Aller à la discothèque à 12 ans.	**5**	Sortir tout seul le soir.
3	Sortir avec n'importe qui.	**6**	Sortir tous les soirs.

3 Thierry pose des questions à ses copains.

• Regarde encore les dessins **a-f** de l'exercice 2.

• Ecris la lettre et l'opinion.

Exemple: **1 = f, c'est génial**

4 • Ecoute les opinions sur la cassette et écris vrai ou faux.

◆

I Aller à la discothèque à 12 ans, c'est normal.

2 Il aime rentrer après minuit.

3 Sortir avec qui tu veux, c'est dangereux.

4 Quelquefois, il va au lit à 9h. Ça dépend.

5 Sortir seul, c'est dangereux pour les filles.

6 Rentrer après minuit, c'est dangereux.

7 Sortir tous les soirs, c'est génial.

♣

I Elle aime bien aller à la discothèque.

2 Il trouve normal de rentrer tard le week-end.

3 Elle préfère sortir avec ses vrais copains et copines.

4 Il n'aime pas toujours aller au lit très tard.

5 A son avis, sortir tout seul, ce n'est pas bien pour ses copines.

6 Elle préfère rentrer plus tôt parce que c'est moins dangereux.

7 Il aimerait bien sortir tous les soirs.

5 • Travaillez à deux.
• Ecris ton opinion sur **I-6** (exercice 2).
• Demande et note l'opinion de ton/ta partenaire. Il y a des différences?

Exemple:

I A — *A ton avis, rentrer tard, c'est normal?*

Non, c'est dangereux. B

	moi	partenaire
I Rentrer tard:	*normal*	*dangereux*
2 –...		

▼

On prononce bien: -eu

On prononce la consonne après **-eu** ➝ on dit: h**eu**re, ordinat**eu**r
On ne prononce pas la consonne ➝ on dit: d**eu**x, danger**eu**x
Répète: travaill**eu**r, ordinat**eu**r, s**eu**l, h**eu**re, b**eu**rre
d**eu**x, danger**eu**x, il p**eu**t, elle v**eu**t, délici**eu**x, paress**eu**x

6 • Fais un poster-graffitis avec ton groupe, ou un mur-graffitis avec toute la classe.
• Ecris des opinions sur des thèmes importants pour toi.

Exemple:

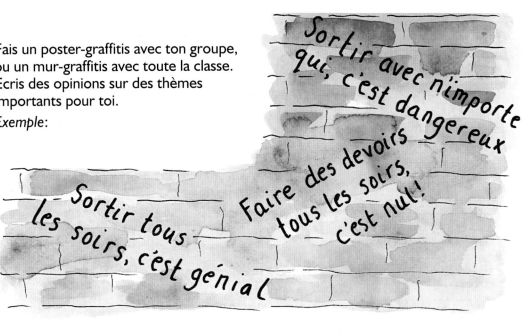

Sortir avec n'importe qui, c'est dangereux

Faire des devoirs tous les soirs, c'est nul!

Sortir tous les soirs, c'est génial

Devoir (must / to have to)

▶▶ p.147

*Bon! Moi, je **dois** aller au centre sportif, maman **doit** téléphoner à grand-mère, et toi, tu **dois** finir tes devoirs. Et demain matin, on **doit** arriver au collège à 8h15.*

*To say what people must do, use **devoir**.*

Exemple: **Je dois travailler ce soir.**

DEVOIR (*must / to have to*)

je dois	I must	nous devons	we must
tu dois	you must (*s*)	vous devez	you must (*pl*)
il/elle doit	he/she must	ils/elles doivent	they must
Pascal doit	Pascal must	les profs doivent	the teachers must
on doit	one/we must		

1 ◆ •Complète avec **dois** ou **doit**.

Exemple: **1** = **doit**

Préparatifs de week-end.

Ludivine: Maman, on **1** arriver à l'hôtel à quelle heure ce soir?

Maman: On **2** arriver avant 8h.

Ludivine: Maman, je **3** prendre mon parapluie?

Maman: Non, mais tu **4** prendre ton anorak.

Ludivine: Papa! Julien m'énerve!

Papa: Bon! Il **5** faire la vaisselle, alors.

Anthony: D'accord, mais Ludivine **6** ranger sa chambre!

♣ •Complète avec des formes de **devoir**.

Julien: Papa, maman, vous pouvez faire la vaisselle ce matin?

Papa: Pourquoi? Tu **1** sortir?

Julien: Oui, je **2** aller à la bibliothèque.

Maman: Désolé, nous **3** travailler.

Julien: Vous **4** partir à quelle heure?

Papa: Nous **5** partir dans cinq minutes!

Julien: Et Clarisse? Elle peut faire la vaisselle?

Papa: Mais non, elle **6** travailler avec Nathalie. Elles **7** finir un poster pour le prof d'anglais.

Julien: Oh, on **8** toujours travailler ici!

Maman: Et attention: tu **9** rentrer avant six heures ce soir!

ATELIER

Ados Branchés

1 • Recopie les phrases et choisis le dessin: écris la lettre.

 a   b   c

d

e

1 Moi, je peux sortir avec qui je veux!
2 Ce n'est pas normal. Moi, je ne peux jamais sortir!
3 Moi, je peux sortir quand je veux!
4 Ah! Je dois toujours courir!
5 C'est génial! Je peux dormir quand je veux et où je veux!

2 • Voici cinq extraits de lettres au magazine **Ados Branchés**, et cinq réponses.
• Fais correspondre **a-e** avec **1-5**.

1 J'ai un problème. Je ne peux pas sortir le soir.

2 J'ai un problème. J'aime bien sortir avec qui je veux. Mais mes parents ne sont pas d'accord.

3 J'ai un problème et je suis très triste. J'ai 13 ans et je dois aller au lit à 9h. Tous les soirs!

4 Je m'appelle Benjamin. Il y a une grande fête au collège, mais je suis très timide. J'ai peur d'aller à la fête.

5 Etre adolescent, c'est difficile! J'ai des problèmes, mais ma mère n'écoute pas et mon père travaille beaucoup. Je suis très seul.

a Tu dois trouver une solution avec tes parents. Par exemple, aller dans ta chambre à 9h, mais lire ou écouter de la musique si tu veux.

b C'est vrai. A ton âge, ce n'est pas facile. Tu dois parler à tes copains. Je suis sûre que tous tes copains ont des problèmes. Et si tu as un problème très sérieux, tu dois parler à ton prof préféré.

c Tu dois parler avec tes parents. Sortir une fois par semaine, c'est possible, peut-être? Le samedi, par exemple?

d Tu dois téléphoner à tes copains pour t'organiser. Par exemple, tu peux aller chez tes copains, et arriver au collège en groupe. C'est plus facile, non?

e Je comprends tes parents. C'est dangereux! A 12 ans, tu dois sortir avec tes vrais copains... ou rester à la maison!

3 • Fais des phrases avec **je/tu dois/peux/ ne peux pas** pour un poster réalité-fiction. *Exemple:*

Tu peux sortir le vendredi et le samedi.

Je peux sortir tous les soirs!

UNITÉ 4

On va à Paris?

A Qu'est-ce qu'on peut faire?

On va aller à Paris pour le projet en sciences?

Oui, le 12 mars.

On peut aller à la Villette? Ou au musée de l'Homme?

On pourrait aller au Virgin Mégastore!

Grégory! Et les sciences!

I La classe prépare le voyage à Paris.
- Ecoute la cassette et fais correspondre 1-7 et **a-g**.
- Le prof de sciences est d'accord, oui ou non?

   Exemple: **I = e, oui**

a

b

c

d

e

f

g

Qu'est-ce qu'on	peut pourrait	faire à... ?
On pourrait... (?) On peut	visiter	un musée la tour Eiffel
Vous pouvez J'aimerais bien	faire	du shopping du bateau
	aller	au zoo au parc à Disneyland

aller au/à la/à l'/aux ▶▶ p.80 ▶▶ p.148

m	Je vais _?_ zoo.
f	Je vais _?_ piscine.
pl	Je vais _?_ magasins.

2
- Travaillez à deux.
- A : Choisis une activité de 🔑 en secret.
- B : Devine.

◆ A   *Parc*

   On peut visiter la tour Eiffel?   B

A   *Non.*

   On peut aller au parc?   B

A   *Oui!*

♣ A   *Parc*

   On peut visiter la tour Eiffel?   B

A   *Oh, non, c'est nul.*

   On pourrait aller au parc?   B

A   *D'accord! C'est génial!*

3 ◆ • Regarde et choisis l'activité idéale pour **1-7**.

Exemple: **1 = aller au parc**

1 J'aime la nature et les arbres.
2 J'adore visiter des monuments.
3 J'aime l'eau, les rivières...
4 Je m'intéresse aux animaux.

5 Je dois acheter des souvenirs.
6 J'adore les fêtes et la musique.
7 J'aimerais bien voir une exposition.

♣ • Lis la lettre et réponds à **1-7**.

Exemple: **1 = Non, avec Nadège**

1 Ben voudrait sortir avec Marc?
2 Ben va aller en ville samedi matin?
3 Dans le parc, est-ce que Ben voudrait faire du sport?
4 Ben voudrait déjeuner à quelle heure?
5 Ben va préparer le pique-nique tout seul?
6 Qui va choisir pour samedi soir, Nadège ou Ben?
7 Il y a un anniversaire chez Ben ce week-end?

> Chère Nadège,
>
> Tu peux aller en ville avec moi ce week-end? Samedi matin, je dois aller chez le dentiste, mais à midi, on pourrait déjeuner dans le parc. Je vais acheter des boissons: tu pourrais préparer des sandwichs? L'après-midi, j'aimerais bien faire du bateau. Ensuite, je dois faire du shopping pour l'anniversaire de Marc dans une semaine. Et samedi soir, qu'est-ce qu'on peut faire? Tu peux choisir. Et dimanche? Je ne sais pas! Téléphone-moi ce soir ou demain,
>
> Ben

4 • Ecoute 1-8.
• Complète la grille.
◆ • Colonnes A et B.
♣ • Colonnes A-E.

Exemple: **1**

	A **Activité?**	B **Quand?**	C **Définitif**	D **Suggestion**	E **Question**
	parc	samedi matin			✔

5 *A toi !*

◆ • Fais des projets (samedi/dimanche).
• Ecris ton agenda (matin, midi, après-midi et soir).

Exemple:

> *Samedi matin – faire du shopping*

♣ • Réponds à Ben (exercice 3).
• Ecris tes réactions et tes suggestions.

> *Cher Ben,*
> *Merci de ta lettre...*

▼ **Utilise des verbes variés**

On pourrait...   J'aimerais bien...
Tu veux...?   Je voudrais...   Je vais...

B En car ou en train?

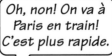

> On va voyager comment? On pourrait prendre le car... ... c'est moins cher et c'est plus amusant.

> Oh, non! On va à Paris en train! C'est plus rapide.

> On pourrait voyager en avion...

> Grégory! C'est trop cher!

 1
- La classe préfère **a**, **b**, **c**, **d**, **e** ou **f**? Devine.
- Ecoute 1-10.
- Ecris la lettre.
  Exemple: **1** = **c**
  Tu as bien deviné?

a **b** **c**

d **e** **f**

2
- Recopie la grille.
- Interviewe ta classe.

A *Tu préfères voyager comment?*

Je préfère voyager en vélo. Et toi? B

Exemple:

avion	bus	car	train	vélo	voiture
III	I	II	III	III	IIII

- Complète la grille.
- Compare la préférence avec la classe de Grégory. C'est différent?

 3
- Ecoute 1-6 et complète la grille.

	Transport	Raison
Exemple: **1**	bus	moins cher

- Fais ◆ et écoute le numéro 7.
  - Complète **a-f**.
  a Catherine suggère de voyager en _____.
  b Impossible! C'est à _____ km.
  c Ensuite, elle suggère de voyager en _____.
  d Mais c'est impossible le _____.
  e Le taxi, c'est _____.
  f Ils vont voyager en _____.

On va voyager comment?

On va	voyager	en	avion
On peut	aller à Paris		bus
On pourrait			car
Je vais			train
			vélo
			voiture

C'est	plus	confortable
	moins	pratique
		rapide
	trop	cher

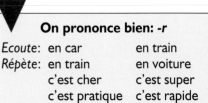

On prononce bien: -r

Ecoute: en car   en train
Répète: en train   en voiture
       c'est cher   c'est super
       c'est pratique   c'est rapide

4 • Donne ton opinion sur les transports (cinq phrases minimum).

Exemple: **Je n'aime pas l'avion. C'est trop cher.**

• Lis les phrases de ton/ta partenaire. Vous avez des phrases en commun?

5 ◆ • Trouve les transports à l'aide du dictionnaire.

Exemple: **fusée (rocket)**

fus-	héli-	para-	-i	-lisseur
tax-	aérog-		-chute	-dem -coptère
cami-	tan-		-on	-ée

♣ • Trouve les mots **1-7** dans le texte.

• Vérifie dans le dictionnaire.

1	a country
2	the station
3	on foot (walking)
4	before
5	a lot of people
6	a clothes factory
7	workers

▼ **On lit bien**

* Pour comprendre sans dictionnaire, lis la phrase complète.

* **Un** mot français = **un** mot anglais? Pas toujours!

Exemple: **guichet = ticket office**

> J'habite dans un village en Côte d'Ivoire. C'est un pays en Afrique. Demain, je dois aller en ville pour un examen. Je vais aller à la gare à pied. Je dois arriver avant sept heures, parce que mon train est à 7h 15. Le matin, il y a beaucoup de monde à la gare. Pourquoi? Dans la ville il y a une usine de vêtements: beaucoup d'employés habitent dans les villages et vont au travail en train.

 6 *A toi!*

• Travaillez à deux.

◆ • Adaptez et pratiquez le dialogue.

♣ • Faites ◆ mais ajoutez des questions.

Exemple: **A quelle heure?** / **C'est où?** / **Avec qui?**

– On va **au concert samedi**?
– Bonne idée. On va voyager comment?
– En **vélo**?
– Oh non! C'est **trop loin**!
– En **taxi**?
– C'est **trop cher**!
– On pourrait voyager en **bus**?
– Oui, d'accord. C'est **moins cher**.

On va voyager comment?

Dans notre imagination: c'est plus rapide!

C Qu'est-ce qu'on va faire?

> Ensuite, on va déjeuner dans un parc. Et ensuite, on va aller à La Villette.

> On doit arriver au collège à quelle heure?

> Vous devez arriver au collège à 7h40, pour le train de 8h35.

> Finalement, on va prendre le train pour rentrer.

> D'abord, à Paris, on va aller au musée de l'Homme.

> Grégory, tu écoutes?

 1 • Lis la bande dessinée et écris vrai ou faux.
1 La classe va voyager en car.
2 La classe va visiter un musée le matin.
3 La classe va déjeuner dans un musée.
4 Grégory n'écoute pas bien.

2 • Grégory pose des questions. Ecoute 1-8.
◆ • Ecris l'heure.
Exemple: **1 = 7h40**

♣ • Ecris la lettre (**a-h**) et l'heure.
Exemple: **1 = g, 7h40**

  a Arrivée à Paris
  b Arrivée à Chartres
  c Visite du musée
  d Train, le soir
  e Bus, le matin
  f Déjeuner
  g Collège, le matin
  h Train, le matin

Qu'est-ce qu'on va faire? A quelle heure? Et ensuite?	
D'abord, Ensuite, A... heure(s), Finalement	on va... (+ *inf.*) on pourrait... (+ *inf.*)
D'accord?/Oui, d'accord Ça t'intéresse?/Oh, non, pas vraiment.	

Phrases utiles
On va aller... On va faire...

 3 • Travaillez à deux.
• A : Regarde l'agenda **A**.
• B : Regarde l'agenda **B**, p.156.
• Complétez l'information.
• Posez des questions à tour de rôle.

A   *Qu'est-ce qu'on va faire vendredi à cinq heures?*

    On va aller au parc.   B

Agenda A			
vendredi	–	5h00	parc
		7h30	(1)
samedi	–	9h30	shopping
		12h00	(2)
		1h45	supermarché
		4h30	(3)
		8h30	discothèque
dimanche	–	10h15	(4)
		1h30	bowling
		4h45	(5)

4
- Fais correspondre **1-8** et **a-f**.
- Recopie les quatre musées qui t'intéressent.
- Ecoute la cassette et regarde ta liste.

  Le musée t'intéresse? ➞ 👍

  Non? ➞ 👎

  1 Musée du Cheval
  2 Musée de l'Histoire de France
  3 Musée du Cinéma
  4 Musée du Sport
  5 Musée de Radio-France
  6 Musée de la Marine
  7 Musée de la Préhistoire
  8 Musée des Transports

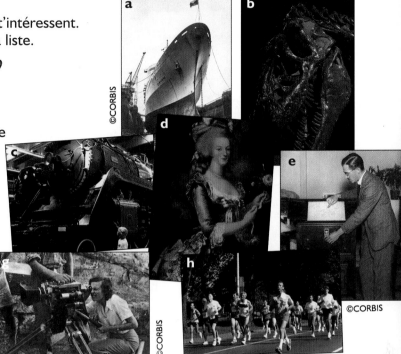

©CORBIS
©CORBIS
©CORBIS

5
- Recopie, mais ajoute des détails de la case.
- ◆ Fais un paragraphe seulement.
- ♣ Fais toute la lettre.

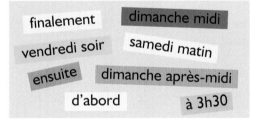

finalement   dimanche midi

vendredi soir   samedi matin

ensuite   dimanche après-midi

d'abord   à 3h30

J'organise un super week-end. Je vais aller au bowling avec mes parents. Je vais déjeuner au restaurant avec Frédéric. On va visiter le musée du Cinéma. On va aller chez moi. On va manger un hamburger. On va aller à la patinoire avec sa sœur.

Je vais aller au parc avec l'équipe d'athlétisme. On va déjeuner au centre sportif. Je vais aller au zoo avec la sœur de Frédéric.
Je vais rester chez moi parce que j'ai des devoirs.

6 *A toi!*
- Regarde le dialogue.
- Ecoute le modèle.
- Travaillez à deux.
- Recopiez, complétez et pratiquez le dialogue.

  – Qu'est-ce qu'on va faire ce week-end?
  – Vendredi soir, il y a _____. Ça t'intéresse?
  – Ah oui? A quelle heure?
  – A _____.
  – Oui, ça m'intéresse. Et samedi matin? On pourrait _____?
  – Samedi matin? Ah... non, je dois _____. On_____ samedi après-midi?
  – Oui, d'accord, à _____ heures? Et samedi matin, je peux _____ avec _____ .
  – Et dimanche? Qu'est-ce qu'on va faire?
  – On _____ dimanche après-midi?
  – Euh... non, je dois _____.

D Point Langue

au, à la, à l', aux (to the...)

 p.148

Lis la conversation.
au, **à la**, **à l'** et **aux** = to the...

– On va **au** zoo ou on va **aux** magasins samedi?
– On peut aller **au** zoo. Mais le matin, je vais **à l'**hôpital.
– Et dimanche? Tu vas **à l'**église?
– Oui. Mais l'après-midi, on pourrait aller **à la** piscine.

à + le = au	nom masculin	*Exemple*: Je vais **au** zoo.
à + la = à la	nom féminin	*Exemple*: Je vais **à la** piscine.
à + l' = à l'	nom singulier qui commence avec une voyelle ou un h-	*Exemples*: Je vais **à l'** église. Je vais **à l'**hôpital.
à + les = aux	nom pluriel	*Exemple*: Je vais **aux** magasins.

Attention! **à** + *ville*: Je vais **à** Paris.
en + *pays*: Je vais **en** Italie

 1 • Travaillez à deux.
◆ • Complète la conversation avec **au**, **à la**, **à l'** ou **aux**.
• Pratiquez à deux.
– Qu'est-ce qu'on va faire pour ton anniversaire? On va aller **1** cinéma?
– Oui, mais d'abord, on pourrait aller **2** patinoire, et manger **3** café à côté.
– Et samedi? Tu veux aller **4** magasins?
– Oui, mais le matin, je dois aller **5** église. C'est le mariage de mon prof de maths.
– Ah bon?
– Oui, il est très sympa. Il travaille aussi **6** club de jeunes.
– Zut! Il est quelle heure?
– 4h30. Pourquoi?
– Je dois aller **7** bibliothèque avant 5h00!

 • Pour le week-end, invente des suggestions...
...intéressantes ...amusantes ...stupides ...impossibles ...ennuyeuses.
• Discute tes suggestions avec ton/ta partenaire.

A   *On va au collège ce week-end?*

Oh non, c'est nul!   B

Mots utiles
centre de loisirs   boutique   bibliothèque   magasins de sport
hypermarché   cafétéria   restaurant   hôpital   opéra
Attention! **au, à la , à l'** ou **aux**? Féminin ou masculin? Cherche dans le dictionnaire.

ATELIER

I • Trouve l'adresse idéale pour les visiteurs **I-7** à Paris.
Exemple: **I = Berthillon**

Nature et Découvertes
FORUM DES HALLES
Des objets, des livres, etc, entièrement sur la nature. Pour les enfants de 8 à 12 ans.

Le Temps Libre
28 RUE LEPIC
Une librairie spécialisée dans les bandes dessinées et les mangas.

Berthillon
RUE SAINT-LOUIS-EN-L'ILE
Le champion de la crème glacée vous invite à consommer ses glaces et ses sorbets délicieux.

La Maison des Bonbons
46, RUE DE SÉVIGNÉ
Des bonbons très bons, des sucettes en forme de Tour Eiffel, des souris au chocolat blanc: quelle merveille!

Maison Citerne
21 BOULEVARD DU TEMPLE
Un monsieur très sympa répare les poupées et les ours en peluche. Il vend aussi des trains et des petites voitures.

I J'adore les glaces!
2 Mon nounours n'a pas d'yeux!
3 Je protège l'environnement et j'adore la lecture.
4 Je cherche des vêtements de sport.
5 Mes cheveux sont horribles!
6 J'aime lire avec des dessins.
7 Je collectionne les BD.

La Pâtisserie Viennoise
RUE DE L'ÉCOLE-DE-MÉDECINE
Depuis des générations, les étudiants consomment ses tartes aux pommes et ses biscuits à la confiture.

La Boutique du Gardien de But
RUE DE CHARENTON
Des maillots de foot, des ballons... tout le nécessaire pour être un vrai joueur.

Françoise Marcay
116 RUE SAINT-DOMINIQUE
Pour une coupe, un brushing, ou si vous préférez changer de couleur pour un look différent.

2 *A toi!*
• Fais un poster 'Bonnes Adresses'.
Au choix:
– poster sur ta ville.
– poster sérieux ou amusant avec des adresses imaginaires.

☙ Le Chat Royal ☙
Alimentation de luxe pour chats
Vêtements toutes saisons
CD pour bien dormir

E Ça ouvre à quelle heure?

> Qu'est-ce que tu fais?
>
> Je mange mes sandwichs.

> Mais qu'est-ce que tu vas manger à midi?
>
> Je vais aller au restaurant.

> Mais non! On va pique-niquer dans un parc!

 1
- Lis la bande dessinée.
- Tu préfères **a**, **b**, **c** ou **d** pour la dernière bulle?

    a *J'ai faim.*   *Je n'aime pas les parcs.*   **c**

    b *Ça fait combien?*   *Je vais acheter d'autres sandwichs!*   **d**

2
- Ecoute les messages 1-8.
- Ecris l'heure des trains.
  Exemple: **1 = 9h38**

 3
- Regarde **PARIS TOURISTES** p.83.
  - ♦ Lis les phrases **1-6** et écris vrai ou faux.
  - ♣ Fais ♦ et lis **7-10**. Corrige les phrases fausses.
    1 Le château est fermé le lundi.
    2 Le musée du Louvre ouvre à 9h le mardi.
    3 La tour Eiffel ferme à 11h le soir.
    4 Le musée du Sport ferme pour le déjeuner.
    5 Le musée du Jouet ouvre le jour de Noël.
    6 La Cité des Sciences n'ouvre pas le dimanche.
    7 Le zoo ouvre après la tour Eiffel.
    8 Le musée du Sport est ouvert deux jours par semaine.
    9 Le musée du Jouet n'est pas ouvert tous les jours.
    10 On ne peut pas visiter le château le soir.

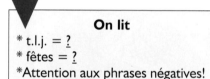

On lit
* t.l.j. = ?
* fêtes = ?
*Attention aux phrases négatives!

PARIS TOURISTES

La Cité des Sciences
mar.-sam.: 10h-18h
dim.: 10h-19h

La Cathédrale Notre Dame
t.l.j.: 8h-19h

Le musée du Jouet
t.l.j. sauf lun. et fêtes:
9h30-12h *et* 14h-17h30

Le château de Versailles
oct.-avr.: t.l.j. sauf lun.,
9h-17h30
mai-sept.: t.l.j. sauf lun.,
9h-18h30

Le zoo de Vincennes
t.l.j.: 9h-18h *(été)*
9h-17h30 *(hiver)*

La tour Eiffel
t.l.j.: 9h30-23h

Le musée du Sport
9h30-12h30 *et* 14h-17h.
Fermé mer. et dim.

Le musée du Louvre
jeu., ven., sam. et dim. de 9h à 18h
lun. et mer. de 9h à 21h45
Fermé mar.

4 • Ecoute les questions 1-8 et regarde **PARIS TOURISTES**.
• Ecris oui ou non.

5 • Travaillez à deux à tour de rôle:
• A : Pose une question sur **PARIS TOURISTES**.
• B : Regarde **PARIS TOURISTES** et réponds.

Le musée,	ça ouvre à quelle heure?
	ça ferme à quelle heure?

Le matin/L'après-midi/Le soir,	
ça ouvre à	9h15 (neuf heures quinze)
ça ferme à	20h30 (vingt heures trente)

La cathédrale, c'est ouvert le lundi?		
C'est	ouvert fermé	de... h à... h, sauf le mardi

6 *A toi !*
• Ecoute le message modèle.
• Ecris et enregistre un message.
   ◆ • Choisis deux ou trois visites de **PARIS TOURISTES**.
   ♣ • Choisis quatre ou cinq visites de **PARIS TOURISTES**.
      ou
      Choisis des visites dans ta région.

F Vous avez de la monnaie?

Madame, vous avez de la monnaie? J'ai seulement un billet de 50f.

Je voudrais 50f en pièces de 10f.

Euh... oui, voilà!

Merci beaucoup, madame.

---

1 •Lis la bande dessinée et trouve la phrase correcte: **a**, **b**, **c** ou **d**?
   a Grégory n'a pas d'argent.
   b Grégory n'a pas de pièces.
   c Il voudrait un billet de 50f.
   d Il fait une erreur.

2 •Ecoute les prix 1-9 et regarde **a-j**.
   ◆•Ecris la lettre.
      Exemple: **1 = e**
   ♣•Ecris la lettre et l'objet.
      Exemple: **1 = e, un poster**

3 •Travaillez à deux.
   •A : Choisis un objet de **a-j** en secret.
   •B : Devine l'objet.

A — *Un poster.*

Ça fait 579f? — B

A — *Non.*

Ça fait 125f? — B

A — *Oui.*

C'est un poster! — B

Euh... il y a une erreur...

Oh, pardon, Grégory!

| Tu as | de la monnaie? |
| Vous avez | une pièce de 20 centimes? |

| J'ai seulement un billet de 100f |
| Je voudrais 10f en pièces de 1f |
| Il y a une erreur |

| Désolé(e), | |
| Voilà, | monsieur/madame/mademoiselle |

▼
On prononce bien
Lettres en **caractères gras** = silence!
Ecoute et répète:
un bille**t** seulemen**t** je voudrai**s** des pièce**s**
c'es**t** ouver**t** d'abor**d** d'accor**d**

 4 • Ecoute 1-8 et choisis **a-h**.
Exemple: **1 = f**

a

b

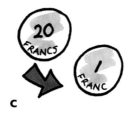

c

d

e

f

g

h

5 • Travaillez à deux.
◆ • Avec **a-h** (exercice 4):

A *Je voudrais 10f en pièces de 2f, s'il vous plaît.*

g! B

♣ • Inventez et calculez... correctement!

A *Je voudrais un billet de 20f en pièces de 5f, s'il vous plaît.*

Voilà deux pièces de 5f, mademoiselle/monsieur. B

A *Désolé(e), il y a une erreur.*

Pardon! Voilà quatre pièces de 5f. B

G Au musée

 1 ◆ • Ecoute les visiteurs 1-8.
• Choisis le bon dessin (**a-i**).
Exemple: **5 = d**

♣ • Fais ◆ et ajoute des détails pour 5-8.
Exemple: **5 = d, tarif groupes, 10 billets**

 2 • Lis le message et **MUSÉE DES AUTOMATES** p.87.
• Ça coûte combien pour Omar et sa famille?
• Fais le total.

> Je m'appelle Omar. J'ai onze ans. Lundi, je vais visiter le musée des Automates avec ma famille. Je vais aller au musée avec ma mère, ma sœur Aïssa, qui a huit ans, et mon frère Abdel, qui a treize ans. Mon grand-père aussi va au musée avec nous. Il a soixante-dix ans, mais il aime beaucoup sortir.

 3 • Ecoute la conversation sur le **MUSÉE DES AUTOMATES**.
• Note les **trois** erreurs en anglais ou en français.

MUSEE DES AUTOMATES

t.l.j. 9h45-17h30 sauf mardi et fêtes.

Billet adultes: 40f

Billet enfants: 20f

(moins de 12 ans)

Retraités: 20f

Tarif groupes (15+)

— adultes: 30f

— enfants: 12f

Lundi: 50% de réduction.

Réservations: 01 39 46 28 32

VISITE LIBRE SOUVENIRS MACHINE-BOISSONS

Je voudrais... trois billets pour	enfants, s'il vous plaît. adultes,
Vous avez	des dépliants? un tarif groupes?
C'est une visite guidée? Où est la cafétéria?	
Où sont	les vestiaires? les toilettes?
Où est-ce qu'on peut	manger? acheter des souvenirs?

Questions p.88  p.149

– **Est-ce que** tu travailles?
– Oui.
– **Où est-ce que** tu travailles?
– Dans un musée.
– **Qu'est-ce que** tu fais?
– Je suis guide.

4
- Travaillez à deux.
- A : Tu voudrais visiter le **MUSÉE DES AUTOMATES**. Tu téléphones.
- B : Tu travailles au musée. Tu réponds au téléphone.
  - Faites cinq questions et réponses minimum.
  - Regardez .
  - Faites une conversation plus longue.

5 *A toi !*
- Invente un dépliant au choix sur...
  - ton musée préféré.
  - un musée imaginaire.

 6
- Travaillez à deux.
- A veut visiter le musée de B (exercice 5). Improvisez des questions et des réponses.

Point Langue

Questions p.149

 I • Regarde les mots en **caractères gras**.

Tu comprends la différence?

– **Qu'est-ce que** tu vas faire à Paris?
– Je vais visiter un musée.
– **Est-ce que** tu vas voyager en car?
– Non, en train.
– **Où est-ce que** tu vas déjeuner?
– Dans une cafétéria.

Est-ce que... ? – yes/no questions
Qu'est-ce que... ? = What... ?
Où est-ce que...? = Where... ?
* Tu as faim? = **Est-ce que** tu as faim?
* **Est-ce que** [esk]
  Qu'est-ce que [kesk]
* **que** ⟶ **qu'** avant une voyelle.
Exemple: **Où est-ce qu'il va?**

 2 • Travaillez à deux.

◆ • Fais correspondre **1-6** et **a-f**.
   Exemple: **I = d**

• Recopie la conversation.
• Vérifie avec la cassette.
• Pratiquez à deux.

I Est-ce que tu vas déjeuner?
2 Où est-ce que tu vas manger?
3 Qu'est-ce que tu vas manger?
4 Qu'est-ce qu'on pourrait faire ensuite?
5 Où est-ce qu'on peut acheter des bandes dessinées?
6 Qu'est-ce qu'on fait après le magasin?

a Des sandwichs.
b On pourrait aller en ville.
c Ben! On a maths à 2h!
d Oui, à midi et demi.
e Dans le parc.
f Il y a un magasin rue Royale.

♣ • A : Prépare huit questions en secret.
   Exemple: Fais des questions avec:

   – **Est-ce que** tu... ?

   – **Qu'est-ce que** tu... ?

   – **Où est-ce que** tu... ?

• B : Improvise des réponses le plus vite possible.
• Changez de rôle.

A *Qu'est-ce que tu fais le soir?*

Je regarde la télé. B

A *Ça va. Un point.*

Est-ce que vous avez de la monnaie?

ATELIER

1 • Ecoute et chante.

Où sont les vestiaires?
A gauche de mon père.
Et les dépliants?
En face de maman.

Où est la buvette?
Devant les toilettes.
Où est ma monnaie?
Dans mon porte-monnaie!

Regarde le squelette,
Il a une grosse tête.
Regarde le tarif,
C'est très instructif.
Ah, là, là, quel beau musée!
On va bien s'amuser!

2 Qu'est-ce qu'on trouve au musée de l'Homme.
• Trouve les six mots.

3 • Regarde la liste de musées p.79.
• Fais correspondre **a-i** et les musées.
Utilise ton dictionnaire au minimum.

Exemple: **a = 3, musée du Cinéma**

a Exposition sur les frères Lumière
b Historique des Jeux olympiques
c Maquettes de bateaux
d Modèle en cire d'homme de Cromagnon
e Dessins de ptérodactyles
f Locomotive du 19e siècle
g Biographie illustrée du Roi-Soleil
h Archives de studios radiophoniques
i Portraits de chevaux

① Qu'est-ce que tu vas acheter?

Au musée de l'Homme...

C'est combien, le squelette?

Dans le train? C'est trop grand! Et c'est trop cher!

Mais si! Je vais acheter un squelette!

1
- Ecoute les copains de Grégory.
- Complète la grille.

						TOTAL
Exemple: 1		2–14f	5–15f			29f

2
- Cherche les souvenirs dans le dictionnaire.
  ◆ • 1-6.   ♣ • 1-10.

Exemple: **1 = un puzzle**

1 a jigsaw: un pu – – – –
2 a hat: un ch – – – – –
3 marbles: des bi – – – –
4 a medal: une mé – – – – – –
5 a puppet: une mar – – – – – – – –

6 a bracelet: un br – – – – – –
7 a guidebook
8 stamps
9 a belt
10 a tea towel

▼
Dictionnaire
Choisis la bonne traduction!
– Regarde:
* les exemples
* les mots entre parenthèses: (...)
  sheet (*of paper*) = feuille
  sheet (*on a bed*) = drap
– Regarde les abréviations:
n = ?   *adj.* = ?   *vb./vt./vi.* = ?
play *vi* = jouer (to play)
play *n* = une pièce (a play)

Il n'y a pas de/d' ►► p.144
✔ Il y a des badges
✖ Il n'y a pas **de** badges
Attention:
Il n'y a pas **d'**autocollants

Qu'est-ce que tu vas acheter?	
Je cherche	un badge
	un porte-clés
Vous avez	des autocollants?
	des cartes postales
	un livre sur l'Afrique
Combien?/Trois	
C'est combien?/25f	
Il n'y a pas de badges/d'autocollants	

 3
- Regarde le dessin.
- Ecris vrai ou faux.

  1 Il y a des cartes postales.
  2 Il y a des porte-clés.
  3 Il n'y a pas de portefeuilles.
  4 Il n'y a pas de cravates.

  5 Il y a des légumes.
  6 Il n'y a pas de chaussettes.
  7 Il y a des jouets.
  8 Il n'y a pas de badges.

 4

◆ • Trouve le cadeau idéal pour 1-6
   dans la Boîte à idées.

   Exemple: **1 = des boucles d'oreille**

♣ • Trouve le cadeau idéal pour 1-6 dans
   Camarades ou dans le dictionnaire.

   Exemple: **1 = Pour ma mère,
   je vais acheter un pull bleu.**

   1 Je cherche un cadeau pour ma mère.
   2 Fran adore écrire à ses copains.
   3 Mon petit frère a quatre ans jeudi.
   4 Ma copine a treize ans dans trois jours.
   5 C'est la fête des pères dimanche!
   6 Ma grand-mère est à l'hôpital.

Boîte à idées

des articles de toilette

des chocolats   un ours en peluche

des boucles d'oreille

des chaussettes   une cravate

du papier à lettres   des magazines

un livre sur le tennis

  5 *A toi!*

- Travaillez à trois.
- Imaginez: vous achetez des souvenirs
  dans un musée.
- Ecrivez une conversation et pratiquez.
  ◆ • Adaptez le modèle.
  ♣ • Faites une conversation plus longue.

A *Je vais acheter **un badge**
    pour **mon frère**. Et toi?*

*Je cherche **un CD** pour **ma mère**.*   B

C *Il n'y a pas **de CD**, monsieur.*

*Regarde, il y a **des posters**.*   A

B *C'est combien?*

*Ça fait **38**f.*   C

B *D'accord!*

*Vous avez des livres
sur les ordinateurs?*

J A Paris en métro

Après la visite au musée, à la station de métro Trocadéro…

I
- Regarde la bande dessinée et le plan du métro.
- Montre l'itinéraire.

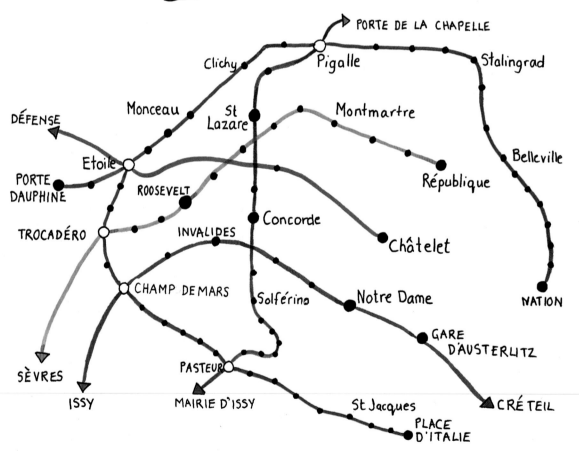

2
- Ecoute les questions et les réponses.
- Les réponses sont normales (**N**) ou ridicules (**R**)?

3 ♦ • Regarde le plan du métro. Complète **A** et **B** avec les mots au choix.

♣ • Fais ♦ et écris des instructions pour aller de la station Belleville à la station Pasteur.

Mots au choix		
Nation	Place de la Chapelle	Pigalle
Pasteur	Mairie d'Issy	Nation

• **A** : Tu es à la station Saint Jacques.

Tu vas à la station Concorde.

D'abord, c'est la direction **1** .

Il faut changer à la station **2** .

Ensuite, c'est la direction **3** .

• **B** : Tu es à la station Clichy.

Tu vas à la station Solférino.

D'abord, c'est la direction **4** .

Il faut changer à la station **5** .

Ensuite, c'est la direction **6** .

C'est quelle station pour Champs de Mars?	Il faut changer?
C'est Trocadéro	Il faut changer à Etoile
C'est quelle direction pour Vaugirard?	C'est direct (?)
C'est direction Mairie d'Issy	Un ticket/Un carnet, s'il vous plaît

4 • Ecoute la cassette et réponds aux questions.

♦ • Avec des notes.

Exemple: **1** = **métro**

♣ • Avec des phrases.

Exemple: **1** = **Il voyage en métro.**

1 Il voyage comment?

2 Il achète combien de tickets?

3 Il veut aller où?

4 Il doit changer?

5 Il a une pièce de combien?

6 Il a de la monnaie?

7 Qu'est-ce qu'il veut aussi?

Il faut / On doit ▶▶ p.147

* Il faut = On doit
* Deux verbes dans une phrase
→ verbe no. deux à l'infinitif.
Exemples:
    Il faut **changer**.
    On doit **aller** au parc Monceau.
    Je peux **boire**?

5 *A toi !*

• Travaillez à deux.

• A : Tu prends le métro.

• B : Tu travailles à la station de métro.

• Improvisez des conversations.

• Ensuite, changez de rôle.

K ## *Point Langue*

 p.147

Verbe + infinitif

1 • Lis la lettre des professeurs et réponds aux questions.

Exemple: **1 = 7h45**

1 Il faut prendre le train à quelle heure?
2 On peut boire dans le train?
3 On peut manger dans le train?
4 On peut choisir sa place dans le train?

> **Voyage à Paris – 12 mars.**
> Nous devons prendre le train à 7h45, donc il faut arriver à la gare à 7h15.
> Dans le train, vous pouvez boire mais vous ne devez pas manger. Il faut prendre le petit déjeuner à la maison.
> Dans le train, on doit prendre les places réservées.

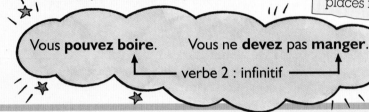

Vous **pouvez boire**. Vous ne **devez** pas **manger**.

verbe 2 : infinitif

2 • Complète avec les verbes à l'infinitif.

Exemple: **1 = visiter**

On va **1** le musée du Cinéma à 10h. Nous allons **2** une exposition sur les techniques de cinéma. Pendant la visite, il faut **3** avec le groupe. Vous ne pouvez pas **4** dans le musée, donc pas de coca! Après la visite, vous pouvez **5** au magasin. Ensuite, à 1h, on va **6** dans un petit restaurant. L'après-midi, nous allons **7** du bateau. Finalement, nous devons **8** le train à 6h45.

boire	faire	visiter	manger	prendre	rester	aller	regarder

• Complète le texte avec l'infinitif.
Exemple: **1 = travailler**

> Vérifie les infinitifs dans le dictionnaire: **-er**, **-ir** ou **-re**?

Conseils pour le collège

Vous voulez bien **1** ? Pour commencer, il faut **2** les leçons et **3** les devoirs régulièrement. Quand vous commencez un devoir, il faut **4** , bien sûr. Et attention: on ne doit pas **5** la télé en même temps. Si vous voulez **6** en classe, vous devez bien **7** . Si vous avez des problèmes, vous pouvez **8** des questions. Finalement, la discipline est importante. Si vous embêtez les copains en classe, vous allez **9** la récréation... en classe!

comprend___	apprend___	pos___	pass___

travaill___	regard___	fin___	écout___	fai___

ATELIER

VISITEZ CHARTRES

Bienvenue à Chartres! D'abord, vous devez visiter la cathédrale, commencée au XIIe siècle et célèbre pour ses fenêtres superbes. Le parking est sur la place Châtelet.

Pour les visites libres, il y a des cassettes audio. Les visites guidées commencent à 10h30 (sauf dim. et lun.) et à 15h. La cathédrale organise aussi des visites pour groupes.

La cathédrale

Pour les visites en langues étrangères (espagnol, anglais, allemand ou italien), contactez l'Office de Tourisme.

Après la visite, vous pouvez visiter la vieille ville avec le petit train touristique. Vous préférez visiter à pied? Vous devez visiter la Maison de l'Archéologie.

Vous visitez la région en voiture? A l'est de Chartres se trouve la maison Picassiette, décorée avec des morceaux de faïence.

La maison Picassiette

1
- Sans dictionnaire, trouve **1-9** en français dans le dépliant.

  Exemple: **1 = d'abord**

1 first of all	**4** non-guided tours	**7** the old town
2 in the twelfth century	**5** in foreign languages	**8** on foot (walking)
3 the car park	**6** German	**9** pieces of china

▼ **On lit bien**

Pour comprendre un mot sans dictionnaire:
– lis la phrase complète.
– utilise ton bon sens.

2
- Lis **1-5** et le dépliant.
- Réponds oui ou non.
- Ecoute les réponses **1-5** sur cassette.
- Les réponses sont correctes? Ecris ✔ ou ✗ .

▼ **On écoute bien**

Prépare-toi bien pour la cassette. D'abord, lis les instructions et les bulles.

1 *La cathédrale de Chartres est moderne?*

2 *On peut aller à la cathédrale en voiture?*

3 *On peut visiter la cathédrale avec un guide?*

4 *Il y a des visites guidées tous les jours?*

5 *Il y a des visites en anglais?*

I •Recopie par ordre de préférence.

Faire ma chambre	Regarder les publicités

Faire un voyage à Paris   Aller au bowling   Aller à la patinoire

Voyager en avion   Prendre un bain   Faire la vaisselle

 2 •Ecoute les préférences (1-7) et suggère une activité (**a-h**).

◆ •Recopie les mots.   ♣ •Fais des phrases complètes.

Exemple: **1 = la discothèque**   *Exemple*: **Tu peux aller à la discothèque.**

a le ménage   **b** un musée   **c** un film policier   **d** un restaurant

e le bowling   **f** la discothèque   **g** un film comique   **h** les informations

 3 •Lis 1-7

◆ •Tu es d'accord? Ecris oui ou non.

♣ •Fais ◆ et si tu n'es pas d'accord, change les phrases.

1 Aller à la patinoire, c'est beaucoup trop cher.
2 Les films policiers, ça me fait peur.
3 Aller à la discothèque à douze ans, c'est vraiment dangereux.
4 A douze ans, on doit choisir ses vêtements avec ses parents.
5 Les voyages scolaires, ça m'amuse.
6 Voyager en car, c'est plus pratique que voyager en train.
7 Faire le ménage, c'est vraiment chouette.

 4 Tu vas chez un copain au bord de la mer pour une semaine.

•Ecris dix choses importantes à mettre dans ta valise.

Exemple: **du dentifrice**

•Ensuite, compare avec ton/ta partenaire.

A   *Tu as du dentifrice?*

*Du dentifrice?... Oui, ça va.
Tu as de la crème solaire?*   B

A   *Ah, non, j'ai oublié! Tu as...*

5 • Ecoute et choisis le bon dessin.
Exemple: **l = e**

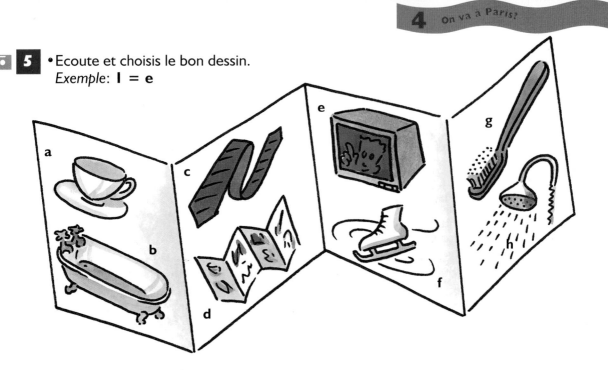

 6 ◆ • Ecris ton opinion sur six sortes de films ou de programmes-télé.
Exemple: **Les publicités: c'est nul.**

♣ • Ecris un paragraphe sur tes habitudes-télé et tes opinions.
Exemple:

> A la télé, je regarde toujours les publicités. Quelquefois, c'est intéressant ou amusant. Par exemple, j'aime bien la publicité de Kellog's. Le soir, je regarde les informations avec ma famille.

7 • Travaillez à deux.
Vous faites des projets de week-end, mais vous n'êtes pas d'accord.
• Inventez et jouez un sketch.
A préfère...   B préfère...

Les aventures de Grégory

A Vive la liberté!

L A · V I L L E T T E

a Le Planétarium
Pour découvrir les comètes, les galaxies et les planètes. Trois spectacles dans un auditorium de 260 places. Sonorisation ultra-moderne.

b La Station spatiale
Reproduction d'une station spatiale américaine. Maquette de la fusée Ariane 5. Exposition sur les voyages dans l'espace, et sur la vie des astronautes.

©CSI

c La Géode
Une sphère de 36m de diamètre. Dans la Géode: un écran de cinéma de 360° et de 1000m^2 avec effets spéciaux. Un film différent tous les trois mois. Par exemple: se promener dans l'espace ou découvrir les océans.

©TRIP

d La Cité de la Musique
Une salle de concert, une bibliothèque sur la musique et un musée. Spectacles le mercredi, films le jeudi, et concerts le samedi et le dimanche.

e Le Cinaxe
Un cinéma mobile de 60 places dans un simulateur. Imaginez que vous êtes pilote d'avion. Le cinéma peut changer de direction et d'accélération. Film de 4 minutes 30.

1 Lis **LA VILLETTE**.
- Fais correspondre **1-6** et **a-f**.

   Exemple: **1 = c**

   1 une salle   **a** an exhibition
   2 un spectacle   **b** to discover
   3 une exposition   **c** a hall
   4 une fusée   **d** space
   5 l'espace   **e** a show
   6 découvrir   **f** a rocket

> **On lit bien**
> *Lis les phrases complètes pour deviner.
> *Vérifie dans ton dictionnaire si nécessaire.

> Il y a beaucoup d'activités au Parc de la Villette. Vous avez le choix!...

Le détecteur oculaire
©CSI

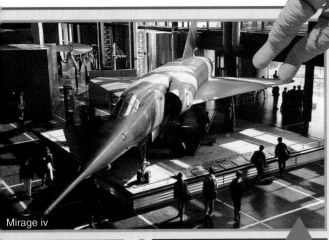
Mirage iv

L A · V I L L E T T E

La Médiathèque
Une bibliothèque multi-médias de livres, journaux, magazines, et programmes télé, plus une collection internationale de documentaires sur cassettes vidéo.

h La Techno Cité
Activités de simulation: piloter un hélicoptère, inventer un vélo de compétition, programmer un jeu-vidéo, utiliser un robot. La technologie en action.

i Explora
Une exposition sur la science, la technologie et l'industrie: astronomie, voyages dans l'espace, biologie, archéologie, énergie, informatique... Tout, tout, tout!

g L'Inventorium
Pour découvrir les sciences et les techniques avec des jeux et des manipulations. Par exemple: être un oiseau, faire un programme télé, analyser le travail d'un robot...

La bulle sonore
©CSI

2 Compare 1-6 avec la cassette et écris vrai ou faux.
Information sur le Parc de **LA VILLETTE**.
1 C'est dans le centre de Paris.
2 C'est récent.
3 On peut prendre le métro.
4 C'est ouvert tous les jours.
5 Ça ferme à 18h le dimanche.
6 C'est moins cher pour les enfants.

3 Et toi? **LA VILLETTE**, ça t'intéresse?
• Classe **a-i** par ordre de préférence.
   Exemple: 1) **Explora**
                    2) ...

B Tu viens avec nous?

> Alors, six personnes pour la Géode...

> ... quatre pour l'Inventorium...

> Grégory! Tu te décides, oui ou non!

 1 Grégory écoute ses copains (1-7).
- Les deux personnes font un choix identique? Ecris Oui ou Non.
  Exemple: **1 = Oui**

Tu viens	au cinéma	avec moi?
Vous venez	à la piscine	avec nous?
Comment?	En métro/à pied/avec mes parents	
Je ne sais pas.		
D'accord,	je viens	avec toi/vous
	on vient	
Désolé(e),	je vais	chez Jenny
	on va	en ville

2
- Travaillez à deux.
- Choisissez une visite en secret.
- A invite B. Ensuite, changez de rôle.

au Planétarium   à la Station spatiale
à la Géode   au Cinaxe
à Explora   à la Cité de la Musique
à la Médiathèque
à la Techno Cité   à l'Inventorium

A ···· Géode

Tu viens à la Géode avec moi?

D'accord, je viens avec toi.   B ··· Géode

ou

Désolé(e), je vais au Cinaxe.   B ··· Cinaxe

 3
♦ • Trouve le tranport et la destination.
  Exemple: **1 = e, cinéma**

♣ • Fais ♦ et écris la raison.
  Exemple: **1 = e, cinéma: plus rapide**

a   b

c   d   e   f   g

 4
- Trouve les transports.
  Exemple: **1 EN VOITURE**

1 ♥N V☆✚T♥R♥   3 ●P✚♥D   5 ♥N M♥TR☆   7 ♥N TR♥✚N
2 ♥N ●V✚☆N   4 ♥N C●R   6 ♥N B◆S   8 ♥N V♥L☆

5 • ◆ Recopie les mots corrects.

Exemple: **1 = toi**

1 – Tu viens avec moi?
  – D'accord, je viens avec _____.

2 – Vous venez au bowling?
  – _____, on va chez Nadia.

3 – Tu viens au stade avec moi?
  – D'accord, _____ avec toi.

4 – Tu viens en ville avec nous?
  – D'accord, je vais avec _____.

5 – Vous _____ chez Qabir?
  – Désolés, on va faire des courses.

6 – Tu viens à la fête avec nous?
  – D'accord! Je viens avec _____.

1 toi/vous	**4** toi/vous
2 D'accord/Désolé(e)	**5** viens/venez
3 je viens/on vient	**6** toi/vous

venir (*to come*) ▶▶ p.104 ▶▶ p.147
Je viens   Tu v?   Il/elle/on v?

---

6 *A toi!*

• Ecoute et regarde le dialogue **A**.
• Ecoute et regarde le dialogue **B**.
  B est plus agréable, non?

A

– Je vais au cinéma. Tu viens?
– A quelle heure?
– A 4h15.
– Non, je vais en ville.
– Non! Tu viens avec moi?
– Non.

B

– Je vais **au cinéma** cet après-midi. Tu viens avec moi, **Julien**?
– Ah? **Au cinéma**? A quelle heure?
– A **4h15. Au Cinéma Royal**. Il y a un **film policier**. C'est **génial!**
– Je suis désolé, **Mélanie**, mais je dois **aller en ville.**
– C'est **un film policier**, tu sais!
– Oui, mais je vais **avec ma mère**. Je dois **acheter un pantalon**. Tu pourrais inviter **Pascal**?
– Ah, oui, d'accord. Bonne idée!
– Au revoir!

▼ **On parle bien**
Pour un bon dialogue:
– donne des détails
– donne des arguments
– donne des explications
– fais des suggestions

• Travaillez à deux.
◆ • Adaptez le dialogue **B**.

Exemple: **au cinéma ⟶ au stade**.

• Pratiquez
♣ • Inventez et pratiquez un dialogue.
  Le titre: *UNE INVITATION*.

C Vous allez où?

 1 La classe organise des rendez-vous.
- Ecoute 1-6 et remplis la grille.

	Heure	Où?
Exemple: **1**	3h30	devant le Cinaxe

- Vérifiez à deux.

A — Numéro 1 – Rendez-vous à quelle heure?

A trois heures et demie. — B

A — Oui, d'accord. Rendez-vous où?

Devant le Cinaxe. — B

2
- Ecoute 1-8 et regarde les dessins **a-h.**
- Ecris la lettre.
  Exemple: **1 = d**

- Regarde encore **a-h** et lis **1-8**. Il y a une erreur dans chaque phrase.
- ◆ •Corrige avec les mots en couleur.   ♣ •Corrige sans les mots en couleur.
  Exemple: **1 = Tu vas où à midi?**

1 Tu vas où à minuit?
2 Je vais au zoo.
3 Tu viens à la mer cet après-midi?
4 Désolée, je reste chez le dentiste.

5 A une heure?
6 A trois heures et quart.
7 Alors, demain à quatre heures?
8 Désolée!

piscine   vais   quelle   midi   rendez-vous   demie   parc   D'accord

Tu vas On va Vous allez	où?	Je vais On va	au cinéma
Quand?		Dans cinq minutes A trois heures	
Bon, alors...			
rendez-vous		au cinéma à trois heures moins cinq	

On prononce bien: -u -ou
Ecoute: **-u -ou** tu vas **où**?
Répète: **-u -ou** tu vas **où**?
rendez-v**ou**s **où**?   d**ou**ze minutes
une d**ou**che   un b**u**s r**ou**ge
une b**ou**teille   **où** est la cuisine?

3 • Fais correspondre les messages **1-5** et les réponses **a-e**.
Exemple: **1 = e**
• Fais un dialogue: recopie les dix messages dans le bon ordre.
Commence avec: **Ça finit quand, la géo?**
• Travaillez à deux.
◆ • Pratiquez le dialogue.
♣ • Apprenez le dialogue par cœur.

1 *Alors, on va au parc à 6h?*

2 *Super! On va au parc après?*

3 *Ça finit quand, la géo?*

4 *Pourquoi? Tu vas où?*

5 *Chez le dentiste? A quelle heure?*

a J'ai rendez-vous à 5h15.

b Ça finit dans dix minutes.

c Je vais chez mon cousin.

d Désolée, je vais chez le dentiste.

e A 6h? Impossible!

4  *A toi!*
• Travaillez à deux.
• Ecrivez des messages secrets (voir exercices 2 et 3).
• Faites un poster avec les messages.

aller (to go) ▶▶ p.104 ▶▶ p.147
Je vais   Tu ?   Il/elle/on ?   Vous ?

Tu viens danser ce soir?

Désolé, j'ai soif. Je vais à l'hôpital.

D Point Langue

Venir (*to come*)   **Aller** (*to go*)

 p.147

 C'est fatigant!

Je vais, je viens,
Le travail, ce n'est pas bien.
Tu vas, tu viens,
Le travail, ce n'est pas sain.
Il va, il vient,
Et il dort de moins en moins.

Nous allons, nous venons,
Le travail, ce n'est pas bon.
Vous allez, vous venez,
Et vous êtes très fatigués.
Ils vont, ils viennent,
Vive la fin de la semaine!

> *Attention! Ces deux verbes sont très utiles, mais un peu bizarres. Apprends bien les deux verbes.*

VENIR *to come*	
je viens	I come
tu viens	you come (s)
il/elle vient	he/she comes
on vient	one comes/we come
nous venons	we come
vous venez	you come (*pl*)
ils/elles viennent	they come

ALLER *to go*	
je vais	I go
tu vas	you go (s)
il/elle va	he/she goes
on va	one goes/we go
nous allons	we go
vous allez	you go (*pl*)
ils/elles vont	they go

 I ◆ • Complète les bulles avec les mots de la case.
Tu as fini? Tu peux écouter la conversation sur cassette.

Tu **1** avec moi?

Tu **2** où?

Je **3** à l'Inventorium.

Moi aussi! Je **4** avec vous.

Bon! Je **5** au Cinaxe!

Le prof aussi **6** au Cinaxe. Salut!

Alors, on **7** au Cinaxe, Zoë?

Euh... non, j'a changé d'idée

vais	va	viens	vas	va	vais	viens

♣ • Invente une bande dessinée sur un groupe en visite à la Cité des Sciences.
Utilise le verbe **venir** et le verbe **aller** le plus possible.

ATELIER

 1 ## Le jeu des questions
Deux à quatre joueurs à tour de rôle.

Matériel: deux dés

Un joueur lance les deux dés, lit la
question et improvise une réponse.
La réponse est bonne? Un point.

Exemple:

→ Question 4: Qu'est-ce que
tu préfères visiter?
→ Réponse possible:

Moi? L'Inventorium.

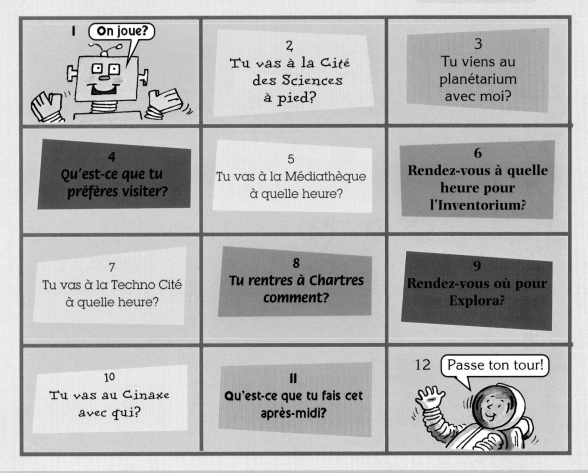

 2
- Cherche les mots **en caractères gras**
  dans le dictionnaire.
- Ecoute et écris les chiffres.
  Exemple: 1 = 500

La Médiathèque:
1 ? **journaux** et magazines.
2 ? **logiciels**.

La Géode:
3 ? places.
4 La caméra: ? kilos.
5 Le système de projection: ? tonnes.
6 Un film de 30 minutes = ? km de **pellicule**.

E C'était bien?

 I Le groupe attend Grégory et discute.

• Ecoute et choisis l'opinion: , ou ?

Exemple: **I = cinéma**

2 Lis les opinions: ou ?

I C'était génial.
2 C'était bien, euh... oui et non.
3 Bof, si tu veux...
4 C'était complètement stupide.

5 C'était vraiment intéressant.
6 C'était trop long.
7 C'était pas mal.
8 C'était trop difficile.

3 Au collège aussi, on discute.

◆ • Ecoute I-7 et choisis la lettre (**a-g**).
Exemple: **I = d**

♣ • Fais ◆ et écris des détails sur les activités.
Exemple: **I = d, jeu vidéo**

a

b

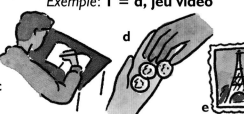

d

f

c

e

g

Le passé composé: ▶▶ p.112 ▶▶ p.146	
j'ai + -é	
visiter (to visit) → j'ai visité (I visited)	
acheter → j'**?**	manger → j'**?**

▼ **Prononciation ai/é**

Ecoute: **ai é** j'**ai** mang**é**
Répète: **ai é** j'**ai** mang**é** j'**ai** **é**té
j'**ai** regard**é** j'**ai** achet**é** j'**ai** visit**é**

4
- Travaillez à deux.
- A: Pose la question de l'exemple.
- B: Improvise une réponse (dessins **a-g**).
- A: Devine le dessin.

A *C'était bien, ton week-end?*

Oui, j'ai écouté des CD. B

A *g!*

C'était	comment, bien,	ton après-midi? la Géode?
Oui, c'était	chouette/pas mal.	
Bof, pas génial/Non, c'était nul		
J'ai été (à.../chez.../avec...) J'ai regardé / visité / écouté... mangé / travaillé / acheté...		

5
- Recopie les phrases correctement.

Exemple: **1 = J'ai travaillé pour mon projet.**

1 J'ai **tléviaarl** pour mon projet.
2 J'ai **éiitsv** un musée le matin.
3 J'ai **héteca** un porte-clés.
4 J'ai **dgréear** un film sur Mars.
5 J'ai **gamén** un hamburger.
6 J'ai **oéétuc** mon walkman.

♣
- Lis **1-6** et la lettre.
- Ecris vrai ou faux. Corrige les phrases fausses.
Exemple: **1 = faux – J'ai été à la gare en car**.

Cher grand-père,

Je fais un voyage avec ma classe. Ce matin, j'ai été au collège en voiture, à la gare en car et à Paris en train! Au musée de l'Homme, on a visité avec un guide. Ensuite, j'ai acheté un livre pour Frank, et ... une surprise pour toi! On a déjeuné dans un parc mais Grégory a mangé tous ses sandwichs le matin dans le train, il a donc acheté des biscuits. Ensuite, on a été à La Villette. J'ai travaillé pour mon projet à la Techno Cité, mais j'ai préféré la Géode et le Cinaxe. Maintenant, on est devant le métro et on attend ... Grégory!

Grosses bises et à dimanche,

Sabine

1 J'ai été à la gare en voiture.
2 J'ai visité le musée sans guide.
3 J'ai acheté un cadeau seulement.
4 J'ai mangé des biscuits dans le parc.
5 Grégory a mangé deux fois.
6 J'ai aimé le Cinaxe.

6 *A toi!*
- Décris samedi dernier.
- Regarde les notes et écoute le modèle.
- Ecris des phrases avec les notes et .
♣ - Prépare des notes (tu peux inventer).
- Ecris un paragraphe avec tes notes.

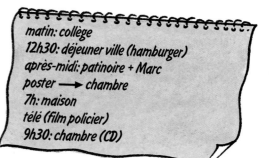

matin: collège
12h30: déjeuner ville (hamburger)
après-midi: patinoire + Marc
poster ⟶ chambre
7h: maison
télé (film policier)
9h30: chambre (CD)

F Qu'est-ce que tu as fait?

- J'ai perdu ma veste!
- Calme-toi! Qu'est-ce que tu as fait exactement?
- J'ai vu le Planétarium.
- Après, j'ai pris des photos...
- ... j'ai fait une promenade... puis j'ai bu une limonade au café...
- Ma veste!

Julien a un problème.
- Ecoute et regarde les dessins.
- Ecris **a-e** dans l'ordre de la cassette.

p.112   p.146

Qu'est-ce que tu as fait?	
Hier/mardi dernier,...	
j'ai tu as	pris des photos bu un coca fait une promenade vu la Géode perdu ma veste (mangé/visité...)

Le passé composé

manger → j'**ai** mangé: facile!
        tu **as** mang**é**: encore facile!
Mais *attention*! Apprends bien les verbes différents:
prendre → j'ai **?**   faire → j'ai **?**   perdre → j'ai **?**
boire → j'ai **?**   voir → j'ai **?**

2
- Travaillez à deux, à l'aide de 🗝 p.107 et 108.
- Invente une activité pour chaque jour: écris sept phrases.
  Exemple: **Lundi – J'ai bu un coca.**
- Pose des questions et prends des notes.

◆ A   *Lundi?*

   J'ai bu un coca.   B

   ➞ B *Lundi: coca*

Vous avez des choix identiques?

♣ A   *Qu'est-ce que tu as fait lundi?*

   Lundi? J'ai bu un coca.   B

   ➞ B *Lundi, tu as bu un coca.*

3
- Lis les messages.

> Je ne peux pas aller au parc avec toi, parce que je vais au club d'anglais. C'est le lundi et le jeudi. Jeudi dernier, j'ai lu des poèmes en anglais et j'ai appris un poème sur Big Ben. C'était assez amusant. Désolé pour hier soir, mais j'ai été chez le dentiste. Tu as attendu longtemps au centre sportif ?
>
> Daniel

> Je ne peux pas aller chez toi. Je dois rester avec le prof de sciences pour faire des devoirs supplémentaires. Hier matin, j'ai ouvert la cage des cochons d'Inde dans la classe pour m'amuser. Ensuite, j'ai couru après, mais trop tard ! J'ai mis à manger pour attirer les cochons d'Inde, mais sans succès. Ah ! Tu as reçu le CD-ROM sur les Incas. Pas moi.
>
> Anouk

- Traduis **hier** et **dernier**.
- Traduis les verbes soulignés.
  Exemple: **J'ai ouvert: I opened**
- Lis 1-5. Qui répond oui: **Anouk** ou **Daniel**?

1 Tu as fait de l'anglais jeudi?
2 Tu as appris un poème?
3 Tu as perdu des animaux?
4 Tu as été chez le dentiste?
5 Tu as fait sciences?

▼
Dictionnaire

couru [kuʀy] *p.p.* de **courir**

courir = to run ➞ j'ai couru = I ran

 4 *À toi !*
- Continue la lettre: tu dois t'excuser et t'expliquer.
- Décris samedi dernier.
  ◆ • Tu cherches des idées? Regarde le dessin.
  ♣ • Invente.

> Cher Éric,
>
> Désolé(e) pour le week-end dernier. Samedi, c'était vraiment impossible !

G La Porte de Pantin?

L'après-midi, Grégory a joué au jeu d'Oskarrr.
- Il faut trouver les cinq objets pour réparer Oskarrr.
- Ecoute 1-8, regarde le plan et choisis la lettre.

Exemple: **1 = e**

Grégory a les cinq objets?

2 • Jouez à tour de rôle, avec le plan.

A *C'est tout droit, la deuxième rue à gauche, puis la première rue à gauche.*

g! B

Une réponse correcte = 1 point. Qui gagne?

3 Grégory a seulement quatre objets. Il faut trouver le dernier objet.
◆ • Ecris trois routes possibles.   ♣ • Ecris cinq routes possibles.

Le métro, s'il vous plaît?		
C'est	tout droit la première rue la deuxième rue la troisième rue	à gauche/à droite
C'est puis...	avant/après/devant sur la droite/gauche	la librairie/le marché/ le commissariat/la pharmacie

4 Grégory a aussi inventé une ville virtuelle.
• Travaillez à deux.
• Regardez la feuille 10: rôle A ou B.
• Regarde les symboles à gauche de ton plan (A ou B).
• Pose des questions et complète ton plan.

A *Le cinéma, s'il vous plaît?*

C'est la deuxième rue à droite. C'est sur la droite, après... B

5 • Regarde encore la ville virtuelle de Grégory, feuille 10.
• Ecoute et écris la destination.

Exemple: ◆ 1 = **boucherie**   ♣ 1 = **la boucherie**

6 *A toi!*
• Choisis ou imagine deux choses dans ta ville
(par exemple A = ton collège, et B = la librairie).
◆ • Ecris des directions de A à B, avec des phrases de .
♣ • Fais ◆, mais ajoute des détails plus précis (devant..., avant..., après...).
Utilise aussi: ensuite..., puis...

Mots utiles: passe continue entre...

• Ensuite, lis les directions de ton/ta partenaire et dessine le plan qui correspond.

H Point Langue

Perfect tense with 'je' & 'tu'

▶▶ p.146

Professeur	Céline, tu as fait des dessins à la Cité des Sciences?
Céline	Euh... oui, mais j'ai perdu mon cahier.
Professeur	Tu as regardé le documentaire TV pour ton projet?
Céline	Ben... désolée, j'ai été chez le dentiste.
Professeur	Tu as pris rendez-vous chez le dentiste un dimanche???!!!

*Did you spot the five verbs in the perfect tense (**passé composé**)?*
*They describe what people **did** or **have done**.*

visiter ⟶ j'**ai** visit**é**   (I visited, I have visited)
tu **as** visit**é**   (you visited, you have visited)

When you come across a different kind of verb, learn it by heart.

Exemples: finir ⟶ j'ai **fini**   prendre ⟶ j'ai **pris**   boire ⟶ j'ai **bu**
tu as **fini**   tu as **pris**   tu as **bu**

I Radio Futur a interviewé Yannick. Ensuite, Yannick a écrit un mini article.
• Devine et complète l'article. ◆ Avec la case. ♣ Sans la case.
• Écoute l'interview et vérifie.

Exemple: **Ia = J'ai décidé**

I J' **a** d'être astronaute quand j' **b** à la Cité des Sciences.
2 J' **c** le Planétarium, mais j' **d** la Station spatiale.
3 J' **e** beaucoup d'information sur les voyages dans l'espace.
4 J' **f** des notes et j' **g** deux livres. En plus, j' **h** des photos.
5 J' **i** en hélicoptère, mais pas en avion.

ai pris	ai vu	ai été	ai visité	ai bu	ai acheté
ai préféré	ai mangé	ai lu	ai décidé	ai pris	ai voyagé

---

2 • Complète les verbes au passé composé et choisis la bonne réponse pour
chaque question.
• Recopie l'interview complète.

I – Clara, tu (décider) quand de faire
de l'informatique comme profession?

2 – Qu'est-ce que tu (voir) exactement
à Explora?

3 – Et toi, tu (faire) des expériences
sur ordinateur?

A – Oui. J' (préparer) un programme
et j' (inventer) un jeu.

B – J' (voir) les ordinateurs et une
exposition sur l'espace.

C – J' (décider) de faire de
l'informatique quand j' (visiter)
Explora.

112   cent douze

ATELIER

• Recopie les mots sur des cartes:

dessins   livre   veste

photos   sandwich   coca   film   Géode   souvenirs   promenade

Jeu 1

• Travaillez à trois, avec un jeu de cartes présenté sur la table.
• A : Décris une carte au passé composé.

> *J'ai pris des photos.*

Qui montre la carte le plus vite possible: B ou C? Un point!
Cinq points = tu gagnes!
• Changez de rôles après cinq points.

Jeu 2

• Travaillez à deux, avec un jeu de cartes par personne.
• A : Choisis une carte en secret.
• B : Fais des questions au passé composé.

B — *Tu as mangé un sandwich?*

> *Non.* — A

B — *Tu as fait une promenade?*

> *Oui, j'ai fait une promenade.* — A

B — *Deux questions, deux points. A toi!*

Tu as le **minimum** de points? Tu gagnes!

Coin lecture – Science et technologie

Un voyage humain sur la planète Mars?

Non! C'est trop cher pour les Américains (2 000 milliards de francs!). Fini, le projet pour 2019! Mais on va continuer l'exploration de la planète Mars avec des robots.

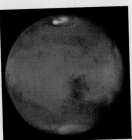

Fleurs miracle

Miracle de la science: dans le centre de la France, on invente des fleurs par manipulation génétique. Excellent... mais la planète a des problèmes écologiques. Pour chaque création, la planète perd 27 espèces de fleurs naturelles.

Miracle technologique: le viaduc de Millau

On va construire le plus grand viaduc de la planète en France: plus grand que la Tour Eiffel, et 2 500 mètres de long. C'est idéal pour les voitures et pour le tourisme vers le sud de la France. Un problème: les écologistes protestent pour préserver la montagne.

Un pont de 2,5 km de long pour relier l'autoroute de Clermont-Ferrand à Béziers.

Claudie André-Deshays, première femme astronaute française

Une aventure superbe pour Claudie! Elle a passé quinze jours dans Mir, la station spatiale russe. Une expérience pas facile! Claudie a étudié le russe, elle a passé des tests médicaux, et elle a pratiqué la vie dans l'espace en laboratoire.

☐ On rentre à Chartres

Deux allers simples pour Chartres, s'il vous plaît.

Il y a un train à quelle heure?

Il y a un wagon-restaurant? Super! J'ai faim!

A 20h45, quai 7. Il arrive à Chartres à 21h26.

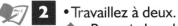 **1** Conversation à la gare?
Oui → ✔ et écris la lettre (**a-g**).
Non → ✘.
Exemple: **1** = ✔, **f**

a 00h00?

Chartres: 00h00?

c

b

d

e
◄1
◄2
3►
? 4►

f

g quai 8

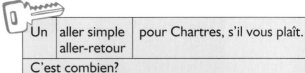 **2** • Travaillez à deux.
  ◆ • Recopie les phrases de  dans le cahier de ton/ta partenaire, un mot sur deux.

  Exemple: Un _____ simple ____ Chartres, '__ - vous _____.

  ♣ • Recopie les phrases de .
   • Ecris la première lettre de chaque mot seulement.
   • Echangez et complétez les phrases de mémoire.

Un	aller simple	pour Chartres, s'il vous plaît.
	aller-retour	
C'est combien?		
Il y a un train à quelle heure pour Chartres?		
Le train arrive à Chartres à quelle heure?		
Il y a un wagon-restaurant?		
C'est quel quai?	Quai numéro 7.	

3 • Ecoute les conversations à la gare.
  ◆ • Recopie et complète la grille.
  ♣ • Fais ◆ et ajoute un détail pour chaque conversation.

	billet	prix	à manger?	départ	arrivée	quai
1	aller simple	*a*	oui	*b*	22h28	*c*
2	*d*	148f	*e*	20h55	*f*	9
3	aller-retour	*g*	non	*h*	23h15	*i*
4	*j*	563f	*k*	23h46	*l*	2

4 • Travaillez à deux.
  • A : Regarde le rôle **A**.
  • B : Regarde le rôle **B** p.156.

A *Un aller-retour pour Toulon, c'est combien?*

Ça fait 437f B

Regardez les questions de 🔑.

Rôle A

		🎟️	🪙	🍽️	départ	arrivée	quai
1	Toulon	aller-retour	*a*	oui	*b*	21h15	*c*
2	Aurillac	*d*	212f	*e*	13h19	*f*	5
3	Bordeaux	aller simple	*g*	oui	*h*	17h13	*i*
4	Vesoul	*j*	87f60	*k*	11h18	*l*	2

5 Monsieur Catastrophe habite à Lille. Il a toujours des aventures en train.
  • Recopie les phrases dans le bon ordre
  ◆ • A l'aide de la feuille 14.
  ♣ • Sans aide.

Voici la première phrase:
Samedi et dimanche, j'ai visité Paris.

Le week-end prochain, je vais rester à la maison!

J'ai pris le train de gauche, le train pour Dijon!

J'ai été à la gare et j'ai regardé les annonces: Lille – quai 3.

Arrivé à Dijon, j'ai pris un taxi et j'ai été à l'hôtel.

J'ai trouvé le quai 3, mais catastrophe!

Pour une chambre, une seule nuit, j'ai payé 450 francs!

Dimanche soir, après ma visite au musée de l'Homme, j'ai pris le métro.

J Les aventures de Grégory

> Alors voilà. Madame Adam a contacté la police...

> ...et Monsieur Besse a cherché Grégory, mais sans succès.

> Alors, j'ai attendu Grégory tout seul.

1 Ludivine explique l'après-midi de Grégory à une copine.

- ◆ Ecoute et choisis la lettre.

  Exemple: **1 = c**

- ♣ Fais ◆ et écris l'opinion.

  Exemple: **1 = c, Médiathèque très moderne.**

Il		contacté la police
Elle		attendu 20 minutes
Le prof	a	cherché Grégory
Annie		fini la visite

Le passé composé ▶▶ p.120 ▶▶ p.146

J'ai attendu   tu **?** attendu   il **?** attendu   elle **?** attendu   le prof **?** attendu

2 • Jouez à deux avec les dessins de l'exercice 1.

A — *Grégory a pris des photos.*

j   B

A — *Correct. Un point. A toi!*

3 ◆ • Lis **1-8** et regarde les réponses de l'exercice 1 (l'ordre correct des dessins).
  • Recopie **1-8** dans le bon ordre. Commence avec la phrase **6**.
   1 A la station, il a pris des photos.
   2 Finalement, il a contacté une gardienne.
   3 Il a visité la Médiathèque dix minutes seulement.
   4 Après la Station spatiale, Grégory a été à l'Aquarium.
   5 C'était bien, parce qu'il a un appareil-photo super.
   6 D'abord, Grégory a été à la Médiathèque.
   7 Il a trouvé le groupe à l'Aquarium? Non!
   8 Ensuite, il a cherché Thierry à la Station spatiale.

♣ • Lis le texte et traduis **1-8** sans dictionnaire.
   Exemple: **1** = **pour commencer**
1 to start with	**3** rockets	**5** it's a shame	**7** school groups
2 what's more	**4** unfortunately	**6** shellfish	**8** too late

Pour commencer, Grégory a été à la Médiathèque, mais après dix minutes il a décidé de chercher Thierry. En plus, Grégory va souvent à la médiathèque de Chartres, qui est très chouette.
Thierry s'intéresse beaucoup aux fusées, donc Grégory a décidé d'aller à la Station spatiale. Malheureusement, il n'a pas trouvé son copain. C'est dommage, mais il a pris des photos pour son projet. Après, il a bien aimé sa visite à l'Aquarium: il y a plus de 200 espèces de poissons et de crustacés de la côte méditerranéenne.
Après sa visite, Grégory a contacté une gardienne pour essayer de trouver sa classe, mais il y a beaucoup de groupes scolaires à La Villette.
Finalement, il a trouvé son prof à la station de métro, mais... trop tard!

4 *A toi!*

Ton copain/ta copine a un problème en voyage (un objet perdu, par exemple).

◆ • Explique le problème en bande dessinée.
   Exemple:

Où est ma boucle d'oreille???

Géraldine a perdu...

♣ • Décris l'incident.
   Exemple:

Jeudi, j'ai été au zoo avec ma classe. Le matin, Géraldine a perdu...

*Fais un plan.
*Ecris deux ou trois paragraphes.
*Utilise des mots de l'exercice 3.

K C'était génial!

Chaque classe de 5ᵉ a fait un voyage différent. Ensuite, chaque classe a préparé un collage-photos pour le Samedi Portes Ouvertes au collège. La 5ᵉ2, la classe de Grégory, a été à La Villette. Et... les autres classes?

 1 • Ecris la classe. *Exemple:* **1 = 5ᵉ4**

5ᵉ1

5ᵉ3

5ᵉ4

5ᵉ5

 2 ◆ • Recopie 1-7 avec les réponses dans le bon ordre, sous forme de dialogue.

Exemple: **1 – Tu as fait un voyage quand?**
– Mercredi

1 Tu as fait un voyage quand?	**a** A la campagne.
2 Tu as été où?	**b** A 8h15.
3 Tu as voyagé comment?	**c** 125f.
4 Tu as pris le train à quelle heure?	**d** Un hamburger et des frites.
5 Tu as payé combien pour le voyage?	**e** Mercredi.
6 Tu as mangé quoi à midi?	**f** Une ferme.
7 Tu as visité quoi l'après-midi?	**g** En train.

♣ • Fais ◆ et écris un paragraphe sur le voyage.

Exemple: **On a fait un voyage mercredi. On a...**

Le passé composé ▶▶ p.120 ▶▶ p.146			
il **a** voyagé	elle **a** voyagé	John **a** voyagé	on **?** voyagé

3 ◆ •A : Fais une question avec ◆ **tu as** ♣ **tu as / il a / elle a** et un verbe de la liste.
•B : Invente une réponse qui correspond à la question.

◆ A — Tu as acheté quoi?
J'ai acheté un badge. — B
A — Ça va. Un point.

♣ A — Elle a mangé quoi?
J'ai mangé des frites. — B
A — Non, elle a mangé des frites.

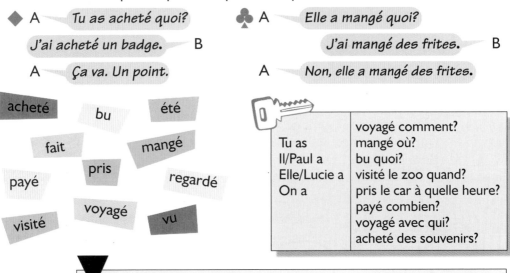

acheté bu été fait mangé pris payé regardé visité voyagé vu

Tu as	voyagé comment?
Il/Paul a	mangé où?
Elle/Lucie a	bu quoi?
On a	visité le zoo quand?
	pris le car à quelle heure?
	payé combien?
	voyagé avec qui?
	acheté des souvenirs?

▼ **Est-ce que** tu as acheté des souvenirs? = Tu as acheté des souvenirs?
Qu'est-ce que tu as vu? = Tu as vu **quoi**?

4 •Ecoute le dialogue 1 et complète la grille.

	Où?	Comment?	Opinion?	Quand?	A quelle heure?
Exemple: **1**	Zoo				

•Ecoute le dialogue 2 et regarde **1-4** dans le diagramme.
•Ecris vrai ou faux.

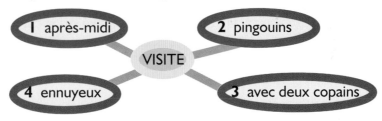

1 après-midi 2 pingouins VISITE 4 ennuyeux 3 avec deux copains

5 *A toi !*
•Travaillez à deux. Objectif: écrire une interview sur un voyage scolaire.
•Regardez le diagramme et écoutez le modèle sur cassette.
◆ •Préparez deux diagrammes au choix:

voyagé visité déjeuner souvenirs

♣ •Préparez quatre diagrammes.
•Ecrivez et pratiquez l'interview.

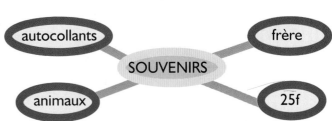

autocollants frère SOUVENIRS animaux 25f

L Point Langue

Le passé composé

▶▶ p.146

 I • Lis le dialogue et recopie les quatre verbes au passé composé. *Exemple*: **Tu as fini**.
- Zupitor, tu as fini ton petit déjeuner?
- Oui papa, j'ai mangé trois cassettes.
- Tu as contacté l'agent de voyages interplanétaires?
- Oui, et il a acheté les billets pour nous.
- Bon, viens vite! On va sur la planète Terre.

Apprends bien les verbes au passé composé!

manger → mangé	**J'ai** mangé	I ate
visiter → visité	**Tu as** lu	You read
acheter → acheté	**Il a** fini	He finished
regarder → ?	**Elle a** fait	She did/made
Apprends les verbes	**Michel a** pris	Michel took
différents par cœur.	**On a** bu	One/We drank

 2 ◆ • Tu es Zupitor et tu décris ta visite.
• Recopie les phrases dans l'ordre des dessins, et complète avec les verbes de la case.
Exemple: **I = A Paris, on a voyagé en métro.**

Mon père a **?** un coca.   On a **?** le Planétarium.   L'après-midi, j'ai **?** du bateau.

Finalement, j'ai **?** une casquette.   A Paris, on a **?** en métro.

Dans le bateau, j'ai **?** une souris.   J'ai **?** des photos.   Mon père a **?** avec des visiteurs.

parlé	bu	pris	vu	fait	été	acheté	perdu	voyagé	visité

♣ • Tu interviewes Zupitor sur sa visite.
• Regarde les dessins et écris l'interview. Invente des détails.

ATELIER

 1 Voici quatre idées pour bien apprendre le passé composé.

• Fais deux listes – les verbes en **-é**
                  – les autres verbes

Exemple:

J'ai mangé	J'ai choisi
J'ai...	

• Travaillez à deux.
• Ecris des verbes incomplets au passé composé. Ton/ta partenaire doit compléter les verbes.
  Exemple: **J'ai chois-** ⟶ **J'ai choisi.**

• Travaillez en groupes.

Activité pour toute la classe.
• Dessine une grille de six cases.
• Recopie six verbes de la liste.
• Joue au loto avec le/la prof.

mangé vu visité pris regardé fait
travaillé perdu écouté bu cherché
attendu fini contacté payé acheté

▼ *Attention!* Le/la prof dit les verbes à l'infinitif.

Boire! →

fait	~~bu~~	mangé
visité	perdu	écouté

2 ◆ • Continue le rap **A** avec des verbes au passé composé avec **j'ai**.
♣ • Continue le rap **B** avec des verbes au passé composé avec **j'ai**..., **tu as**..., **etc.**

A
Mon week-end fou, fou, fou!
Le café? J'ai bu!
Les croissants? J'ai mangé!
Les devoirs? J'ai fini!
La télé, ...

B
Week-end fou, fou, fou en famille
Le café? J'ai bu!
Les croissants? On a mangé!
Le marathon? Mon frère a couru!
Le cinéma, ...

UNITÉ 6

L'école est finie!

A Tu as combien en maths?

Vous avez les bulletins scolaires?

Valérie, tu as des bons résultats?

Je ne sais pas. J'ai peur!

Bof... Aïe, aïe, aïe!!!

I ♦ • Lis le bulletin scolaire de Thierry.

♣ • Lis les bulletins scolaires de Thierry et Valérie.

• Recopie les commentaires des professeurs en trois listes:
  1 Commentaires positifs
  2 Commentaires négatifs
  3 Conseils

Exemple: **1 Assez bien.**
         2 Peut mieux faire.
         3 Doit mieux écouter.

2 • Ecoute Valérie. Ecris la matière (abréviation) et la note.
  Exemple: **1 = Franç. – 11**
• Compare avec le bulletin. Ajoute **V** (vrai) ou **F** (faux) à tes notes.
  Exemple: **1 = Franç. – 11, F**

Qu'est-ce que tu as en maths?	J'ai D.
Qu'est-ce que tu as en anglais?	J'ai 12 sur 20.
	Excellent
	Bien
	Assez bien
	Travail sérieux
	A des difficultés
	Fait des progrès
	Fait des efforts
	Doit faire des efforts
	Doit écouter en classe

Elève		MARTINEZ Valérie, 5e2
Français	12	Assez bien. Doit mieux écouter.
Mathématiques	8,5	Peut mieux faire. Des difficultés en géométrie.
Anglais	8,5	Doit faire des efforts à la maison.
Histoire	11,5	Doit mieux présenter son travail.
Géographie	6	A des difficultés. Doit travailler plus vite.
Sciences	12	Elève intéressée. Attention aux devoirs.
Dessin	7	Progrès limités. Parle trop en classe.
Musique	14,5	Fait des progrès. Ecoute bien en classe.
Technologie	11	Trouve le travail difficile. Fait des efforts.
Informatique	15	Très bien. Fait des efforts Travail sérieux.
Sport	17	Très motivée. Excellents résultats.

Une élève très agréable mais pas toujours motivée. Doit faire plus d'efforts en classe et à la maison. Attention à l'écriture et à la présentation.

3
- Lis les questions **1-8** et les deux bulletins.
- Ecris les réponses.
  - ◆ A l'aide des réponses au choix.
  - ♣ Sans les réponses au choix.

1 Qui travaille mieux en maths?.......................... **A** Valérie **B** Thierry
2 Qui travaille mieux en sport?......................... **A** Valérie **B** Thierry
3 Valérie a des problèmes en dessin. Pourquoi?... **A** Elle lit trop **B** Elle parle trop
4 Est-ce que la classe travaille sur ordinateurs?.... **A** Oui **B** Non
5 Est-ce que Thierry a un problème en anglais?... **A** Oui **B** Non
6 Qui doit travailler plus en dessin?..................... **A** Valérie **B** Thierry
7 Qui a des problèmes en français?.................... **A** Thierry **B** Valérie **C** Les deux
8 Est-ce qu'ils sont bons en informatique?.......... **A** Oui **B** Non

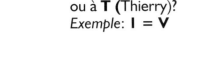 **4**
- Ecoute la cassette et regarde les bulletins.
  Mme Clisson parle à **V** (Valérie) ou à **T** (Thierry)?
  Exemple: **1 = V**

Elève		MASCLET Thierry, 5e2
Français	11	Aime la lecture. Attention au travail écrit.
Mathématiques	14	Des progrès. Très discipliné. Bon travail.
Anglais	12,5	Bon travail oral. Attention à la grammaire.
Histoire	17	Excellent. Fait beaucoup d'efforts.
Géographie	15,5	Très bien. Travail sérieux.
Sciences	14	Bon travail. Ecoute bien en classe.
Dessin	13	Assez bien. Fait des progrès.
Musique	13,5	Trouve le travail difficile. Fait des efforts.
Technologie	16	Excellents résultats. Elève sérieux.
Informatique	18	Très satisfaisant. Bravo.
Sport	12,5	Encourageant en basket. Problèmes en athlétisme

Un élève très agréable et très motivé. Bons résultats et beaucoup de progrès. Attention au français et à l'anglais.

 5
- Recopie les matières du bulletin.
- Invente des notes sur vingt en secret.
- Travaillez à deux.
- Demande et recopie les notes de ton/ta partenaire.

A   *Qu'est-ce que tu as en sport?*

      J'ai 15. Et toi?   B

A   *J'ai 13,5 (treize et demi).*

      Qu'est-ce que tu as en...?   B

Matière	Moi	Partenaire
Sport	13,5	15
Maths	11	

- Compare avec ton/ta partenaire. Tu as bien écrit les notes?

 6 *A toi!*
- Invente:
  - un bulletin scolaire pour toi
  - un bulletin scolaire pour ton/ta partenaire
  - ◆ Choisis cinq matières seulement, en accord avec ton/ta partenaire.
  - ♣ Choisis huit ou dix matières. Tu es d'accord avec les commentaires de ton/ta partenaire?

B Mon bilan scolaire

Le sport, la musique, l'informatique... Bravo!

Oui, mais l'anglais...

... la géo...

Et les devoirs. Tu as parlé aux profs?

Ben... non!

On va regarder ça!

1
- Lis 1-7. Toi aussi, tu as fait ça?
- Ecris ✔ ou ✘.
  1 J'ai beaucoup travaillé en maths.
  2 Je n'ai pas beaucoup bavardé en anglais.
  3 J'ai trouvé les sciences faciles.
  4 Je n'ai pas beaucoup travaillé en technologie.
  5 J'ai oublié mes cahiers tous les jours.
  6 J'ai trouvé le sport difficile.
  7 J'ai bien fait mes devoirs en histoire.

Tu as bien/beaucoup travaillé en français?	
Tu as un problème en dessin?	
J'ai	(bien/beaucoup) travaillé en géo
Je n'ai pas	(beaucoup) révisé en histoire
	(bien) fait mes devoirs en sciences
	(beaucoup) bavardé
	(souvent) oublié mes cahiers
	trouvé le français facile/difficile

2
- ◆ • Ecoute 1-7 et écris la matière.
  - Ecoute encore. On a beaucoup travaillé?
  - Ecris oui ou non.
    Exemple: 1 = **français, oui**
- ♣ • Fais ◆.
  - Ecoute encore et complète les phrases.
    Exemple: 1 = **français, oui – difficile.**

♣ 1 Elle a trouvé ça .
2 Il a trouvé ça .
3 Elle a sur vingt.
4 Elle a fait beaucoup de .
5 Il a beaucoup .
6 Elle a souvent oublié son .
7 Il a beaucoup .

3
- Jouez avec la grille p.125.
- Trois à cinq joueurs. Un dé et un pion par personne.
- A :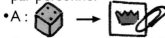
- A : Pose une question à B sur l'histoire.
  Exemple: **Tu as bien travaillé en histoire?**
- B : Tu fais une réponse correcte? ➔ tu joues.
  Exemple: **Non. Je n'ai pas révisé.**
  Tu ne réponds pas bien ➔ C joue.
  Ton pion a visité toutes les matières? Tu gagnes!

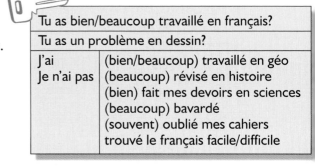

Le négatif au passé composé ▶▶ p.128 ▶▶ p.147

✔	✘
J'ai révisé	Je n'ai **pas** révisé
J'ai travaillé	Je ? ai ? travaillé
J'ai écouté	Je ? ai ? écouté

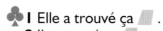

 4 • Lis l'auto-évaluation de Thierry. Il y a quatre différences avec son carnet scolaire p.123.

◆ • Ecris les quatre matières avec des différences.

♣ • Ecris les matières avec des différences et change les phrases fausses.

◆
Histoire: j'ai beaucoup travaillé.
Maths: j'ai beaucoup travaillé.
Musique: je n'ai pas fait d'efforts.
Français: je n'ai pas écouté en classe.
Anglais: j'ai trouvé la grammaire difficile.
Sport: j'ai fait des progrès en athlétisme.
Histoire-géo: j'ai bien travaillé.
Techno.: je dois faire des progrès.
Informatique: super!

♣
J'ai beaucoup travaillé en histoire et en maths, mais je n'ai pas fait beaucoup d'efforts en musique parce que ce n'est pas intéressant. En français, je lis beaucoup et j'ai très bien écrit, mais je dois mieux écouter en classe. J'aime bien l'anglais, par exemple j'aime beaucoup parler en anglais. Mais c'est un peu difficile parce que je n'aime pas la grammaire. Le sport, ça va assez bien, et j'ai fait des progrès en athlétisme. J'ai eu des bons résultats en histoire et en géographie. En technologie, j'ai été sérieux mais je dois faire des progrès. J'adore l'informatique parce que c'est facile et intéressant.

 5 • Travaillez à deux.

• Prépare des questions sur le travail de ton/ta partenaire.

◆ • Trois questions.

♣ • Cinq questions minimum.

• Echange les questions avec ton/ta partenaire.

• Prépare tes réponses aux questions de ton/ta partenaire.

• Enregistrez la conversation.

Exemples: **Tu as bien travaillé en...?**
Tu as beaucoup révisé en...?
Tu as bien écouté en...?
Tu as fait les devoirs en...?

C J'ai beaucoup aidé!

1 • Compare 1-7 avec la bande dessinée. Décide: **V** (vrai), **F** (faux) ou **?** (pas mentionné).

1 J'ai fait beaucoup de sport.
2 Je n'ai pas aidé au collège.
3 J'ai aidé la prof d'informatique.
4 J'ai fait de la gymnastique.
5 J'ai fait de l'athlétisme.
6 Je n'ai pas aidé pour la fête.
7 J'ai joué dans une équipe.

2 • Qu'est-ce qu'ils font?
Ecoute 1-7 et choisis la bonne lettre.
Exemple: **1 = h**

3 • Travaillez à deux.
• Regarde encore les dessins **a-h**.
• Choisis un dessin en secret.
Ton/ta partenaire devine?

◆ A   *Tu as joué dans
Peter Pan?*

Non. B

A *Tu as... ?*

♣ A   *Tu as joué dans
Peter Pan?*

*Non, je n'ai pas joué
dans Peter Pan.* B

A *Tu as... ?*

Tu as fait des activités au collège?	
Tu as ... ?	été dans l'équipe de netball
J'ai	été au club de musique
	fait douze matchs de foot
	gagné une compétition d'athlétisme
	aidé à la bibliothèque
	aidé pour la fête
	joué dans Bugsy Malone
Je n'ai pas fait d'activités cette année	

Ah oui! Et j'ai aidé pour la fête de Noël.

Ça aussi, c'est important!.

4 • Regarde les lettres et écris **G** (Guillaume) ou **M** (Maryline).

Exemple: **1 = M**

1 Qui a fait du sport?

2 Qui a aidé pour la compétition en mai?

3 Qui a aidé pour un voyage?

4 Qui a aidé pour une fête?

5 Qui a fait un voyage avec une classe différente?

6 Qui n'a pas été à la fête?

7 Qui a fait un voyage avec sa classe?

Chère grand-mère,

Merci pour le cadeau. Dans trois semaines, l'école, c'est fini.

J'ai fait des choses supers au collège cette année. A Pâques, on a fait une fête : moi, j'ai préparé les cadeaux pour la loterie. En avril, ma classe a fait un voyage de géo, mais moi, j'ai fait un voyage d'histoire avec la classe de 5e1. En mai, le collège a organisé une compétition sportive avec le collège Vaubert. Moi, j'ai aidé à la cantine parce que je n'aime pas beaucoup le sport.

Bonjour à grand-père!

Guillaume

Cher Adam,

C'est bien, ton collège en Irlande? Moi, j'aime bien le collège des Acacias.

Le collège a fait une fête à Pâques, mais j'ai été chez ma grand-mère. En avril, j'ai fait un voyage avec ma classe: j'ai aidé les profs de géo à faire les courses pour le pique-nique. En mai, j'ai gagné deux médailles en sport: j'ai gagné le 100m et le 400m. Pas mal, hein?

Ecris vite   Maryline.

5 *A toi!*

• Décris tes activités au collège cette année. Tu peux inventer.

◆ • Ecris cinq phrases.

> **On écrit bien**
> Utilise des verbes différents, par exemple:
>
> J'ai aidé...   J'ai fait...   J'ai joué...
> J'ai gagné...   J'ai été...

♣ • Ecris un paragraphe.

> **On écrit bien**
> Ecris ton paragraphe à l'aide d'un diagramme (p.119) ou d'un plan.
> *Exemple:*
> – club de cyclisme
> – fête (loterie)
> – voyage (Alton Towers)
> – médaille (tennis)

D Point Langue

Le passé composé: négatif

▶▶ p.147

1 • Recopie:
   a les deux verbes positifs au passé composé
   b les deux verbes négatifs au passé composé.

– **Tu n'as pas vu** M. Forget?
– Non. Il est absent.
– Ah! Super! **Je n'ai pas fait** mes maths.
– Mais j'ai vu Mme Da Silva.
– Oh... non! **J'ai oublié** mon cahier de géo!

Attention:

Positif	**Négatif**
J'ai...	*Je n'ai pas...*
Tu as...	*Tu n'as pas...*

2 ◆ • Pour chaque situation (**1-6**), recopie la bonne phrase (**a-h**).

a Tu as fait ton anglais? Moi, oui!
b Tu as fait ta chambre, Yohan? C'est bien!
c Regarde! J'ai aidé le prof de musique.
d J'ai bavardé en classe.

e Yohan! Tu n'as pas fait ta chambre!
f Zut! Je n'ai pas aidé le prof de musique!
g Oh, là, là! Je n'ai pas fait mon anglais!
h Je n'ai pas parlé à Nadia: elle m'énerve!

 • Invente des réponses avec **j'ai...** , **je n'ai pas...** , **tu as...** , ou **tu n'as pas**...
   Exemple: **1 = Parce que j'ai beaucoup révisé et je n'ai pas bavardé.**

1 Tu as 'Excellent' en histoire? Pourquoi?
2 J'ai 'Doit faire des efforts' en sciences. Pourquoi?
3 Tu as 'Doit écouter en classe'? Pourquoi?
4 J'ai 'Problèmes sérieux' en technologie. Pourquoi?
5 J'ai 'A des difficultés' en français. Pourquoi?
6 Tu as 'Problèmes avec son accent" en anglais? Pourquoi?

ATELIER

1
- Ecoute Moustafa, Julie, Jérémy et Catherine.
- Prends des notes.

  Exemple: **Moustafa = club de sciences**.

  Cercle 1 = ?
  Cercle 2 = ?
  Cercle 3 = ?

2
- Recopie **1-6** et choisis la lettre (**a-f**).
  1 J'ai joué dans un club de musique.
  2 J'ai chanté dans la chorale.
  3 J'ai décoré la salle de physique.
  4 J'ai été au club d'échecs.
  5 J'ai aidé à la soirée de parents d'élèves.
  6 J'ai aidé à la cantine à la récréation.

3
- Parle de tes activités au collège cette année.
  ◆ • Prépare un aide-mémoire pour tes cinq phrases de l'exercice 5 p.127.

    Exemple: ♪ ♪ ♩ ⌐● **mercredis**

  - Apprends tes cinq phrases.

    Exemple: **J'ai aidé le prof de musique tous les mercredis.**

  - Fais une présentation orale avec ton aide-mémoire.

  ♣ • Regarde ton diagramme et ton paragraphe de l'exercice 5 p.127.
  - Apprends à parler de tes activités à l'aide de ton diagramme seulement.
  - Pratique avec un(e) partenaire.
  - Fais une présentation orale à l'aide de ton diagramme.

E Il n'a pas travaillé?

Sébastien est très drôle mais... il est paresseux.

Regardez ses résultats.

Il a travaillé en classe?

En classe, oui. Il a bien écouté.

Anglais 6/20

Informatique 5/20

Géographie 7

 1
- Ecoute 1-10.
- Les profs parlent de quoi? Choisis la catégorie.

	devoirs	discipline	révisions	sports et loisirs
Exemple: 1		✔		

2
- Ecris la bonne lettre.

1 Il a mangé trop de chocolat.	**5** Il a bien révisé.
2 Le bus n'a pas attendu.	**6** Il n'a pas révisé.
3 Elle n'a pas pris sa veste.	**7** Elle a parlé en classe.
4 Il a regardé un film d'horreur.	**8** Elle a regardé la télé trop tard.

Il/Elle a assez travaillé?

Il/Elle a	(bien) fait ses devoirs
Il/Elle n'a pas	(bien / assez) révisé
	écouté en classe
	bavardé en technologie
	(bien) appris les maths
	(trop) regardé la télé

Le négatif au passé composé ▶▶ p.147

Il a révisé ⟶ Il **n'**a **pas** révisé
Elle a écouté ⟶ Elle **?** écouté

> Il a bien fait ses devoirs?

> Ça, non! Et il n'a pas révisé.

> Tu as trop regardé la télé!

3 • Travaillez à deux.
 • B : Cache les phrases de l'exercice 2.
 • A : Lis une phrase de l'exercice 2.
  B : Montre le dessin.

A   Il a bien révisé.

   Dessin b.   B

A   Oui. Un point!

4 • Recopie la lettre et complète 1-10.
 ◆ • A l'aide de la case.   ♣ • Sans la case.
  Exemple: **1** = **peut**

Chère mamie,

Ça ne va pas en ce moment! Je suis très seule. Mon copain Sébastien me (1) pas sortir le soir parce qu'il est puni.

On a (2) des examens. Moi, j'(3) bien travaillé en sport et en informatique. J'ai des problèmes par exemple en anglais je n'ai pas bien (4) mon vocabulaire. Mais cette année, j'ai moins bavardé en classe, donc j'ai mieux (5). En plus, j'ai (6) révisé tous les week-ends!

Mais Sébastien? Il (7) écouté en classe, mais il (8) fait ses devoirs et il a (9) de réviser. Cet après-midi, il a été (10) la directrice avec son père. J'ai peur: il va peut-être changer de classe.

Bon, je dois aller en ville avec mes copines.

Grosses Bises,

        Valérie

appris   oublié   ai   peut   n'a pas
chez   fini   écouté   beaucoup   a

5 • Ecoute et répète.
 • Pratiquez à deux, une ligne à tour de rôle.

Poème

Il a fait l'informatique
Il a appris sa musique
Il a fait tous ses devoirs
Il a révisé l'histoire
Il a travaillé au lit
Il a lu jusqu'à minuit
Il a appris sa géo
Il a fait tout son boulot.
Il n'a pas peur des interros!

F Et l'année prochaine?

> Tu vas aller en 4e2 avec nous?
> Non, je vais rester en 5e2.

> Mais... la deuxième année, tu vas moins travailler!

> Ah, non! Je vais bien faire mes devoirs, je vais moins regarder la télé...

> Toi? Impossible!

> Ah!... Mais je vais changer! Parce que...

> Magalie va être dans ma classe!

1 • Qui va aller en quelle classe? Ecris les prénoms dans la grille.

Delphine	Nadir	Rodolphe
Rachida	Patrick	Céline	Cyril
Aurélie	Ahmet	Fatima

Exemple:

4e1	4e2	4e3	4e4	4e5
	Nadir			

2 • Travaillez à deux, à tour de rôle.
• A : Choisis une personne de l'exercice 1 en secret.
• B : Pose des questions et devine.

A   *Nadir.*

Tu vas aller en 4e5?   B

A   *Non.*

Tu vas aller en 4e2?   B

A   *Oui.*

Tu t'appelles...   B

Tu vas aller en quelle classe l'année prochaine?
Je vais aller en 4e4 (quatrième)
Tu vas beaucoup travailler (en géo/à la maison)?

Je vais	bien faire les devoirs (en...)
	mieux réviser/écouter/écrire
	(bien/mieux) apprendre les maths
	moins regarder la télé
	moins sortir
Je ne vais pas bavarder (en...)	

On prononce bien – Les liaisons

*Ecoute la différence:
   vais   Je **vais** aller en 4e3.
   bien   Tu vas **bien** apprendre.
   des   Elle va faire **des** efforts.
   dois   Je **dois** écouter.
*Répète:
   Je vais **bien** écouter.   Je **dois** apprendre mes maths.   Je vais faire **des** efforts.
   Je **vais** arriver à l'heure.   Tu **dois** écouter en classe.   Elle écoute **en** anglais.

3 • Complète les phrases.
◆ • Avec les mots de la case. ♣ • Cache la case.

I Je vais m__ m___
l'année prochaine.

2 Je vais m__ t_____.

3 Je vais m___ p___.

4 Je vais m__ b__.

5 Je vais m__ é__.

mieux	boire
manger	ne
moins	regarder
cahiers	travailler
parler	pas
écrire	
vais	

6 Je vais m__ r___ la télé.

7 Je n_ v__ p__ oublier mes c____.

4 • Travaillez à deux.
• En secret, complète les phrases avec une matière.
Exemple: **dessin**

I Je vais bien faire mes devoirs en...
2 Je vais mieux écouter en...
3 Je vais moins bavarder en...
4 Je vais bien apprendre mes leçons en...
5 Je vais mieux réviser en...

• Devine les réponses de ton/ta partenaire.

A *Tu vas bien faire tes devoirs en maths?*

Non. B

A *Tu vas bien faire tes devoirs en anglais?*

Oui. B

 5 *A toi!*

• Continue la lettre.
◆ • Ecris environ cinq lignes. ♣ • Ecris environ dix lignes.

Cher grand-père,

Aujourd'hui j'ai lu mon bulletin scolaire et j'ai pris des décisions.
L'année prochaine, je ...

 Utilise **je vais**... et **je ne vais pas**...

G Tu vas travailler cet été?

(1) Tu vas aller en vacances cet été?

(2) Non. Je vais réviser.
(3) Je vais faire le jardin.
(4) Je vais laver la voiture de mes parents.
(5) Je vais garder mon petit frère.
(6) Et je vais sortir avec les copains.

Je peux t'aider?

Ben, euh... Magalie va m'aider.

1 • Fais correspondre **1-6** de la bande dessinée avec les dessins **a-f**.
• Ecris la lettre.

2 • Ecoute l'information sur la 5ᵉ2 et prends des notes.
• Regarde le graphique et trouve les deux erreurs.
• Ecoute l'information sur la 5ᵉ3. Prends des notes et fais un graphique avec tes notes.

Exemple:

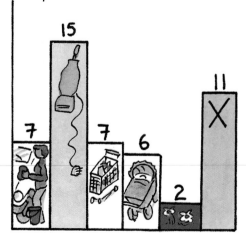

Tu vas travailler cet été/ce week-end?	
Je vais dois	faire le jardin de ma grand-mère faire le ménage laver la voiture de mes parents garder mon petit frère faire les courses
Je vais	aller en vacances sortir avec les copains
Je ne vais pas travailler	

's ▶▶ p.148

My mother**'s** car	La voiture **de** ma mère
Lucy**'s** dog	Le chien **de** Lucy
The dog**'s** biscuits	Les biscuits **du** chien
The children**'s** toys	Les jouets **des** enfants

3 • Interviewe ta classe sur le week-end et fais un graphique avec tes résultats.

On prononce bien

Ecoute: jard**in** – tr**ain** – br**un** – b**ien**

Ecoute et répète:

le jard**in**	un dess**in**	un magas**in**	ce mat**in**
mes cop**ains**	un tr**ain**	j'ai f**aim**	dem**ain**
c'est b**ien**	c'est comb**ien**?	je v**iens**	un village anc**ien**

4 • Ecoute, répète et apprends le poème.

Un chien, c'est bien
Deux chiens, tout bruns
Trois chiens, copains
Quatre chiens, j'ai faim!

5 **C'est faux!!!**

• Ecoute le dialogue et corrige les erreurs **en caractères gras**.

Exemple: 1 = **Max invite Magalie**.

1 **Magalie** invite **Max**.
2 Max invite Magalie pour **les vacances**.
3 Magalie doit garder son **petit frère**.
4 L'après-midi, Magalie va **rester à la maison**.
5 **Magalie** habite rue Lecourbe.
6 Max donne rendez-vous **à la cafétéria** à 4h.
7 Magalie doit rentrer **après** 6h30.

6 • Donne ton opinion: écris **L** (loisirs) ou **T** (travail).

1 Je vais faire une promenade avec mon chien.
2 Je vais aider mon père dans le jardin.
3 Je vais préparer le déjeuner avec ma mère.
4 Je vais faire une promenade avec ma petite sœur.
5 Je vais réparer mon vélo avec les copains.
6 Je vais aider à la fête du collège.
7 Je vais aller chez ma copine pour faire sa chambre.
8 Je vais acheter un nouveau stylo pour le collège.

• Ecoute Sébastien: il est d'accord avec toi?

7 *A toi!*

• Ecris à ton correspondant ou ta correspondante.

Six semaines de vacances, c'est beaucoup! Cet été, je vais sortir avec mes copains, mais je vais aussi travailler....

Tu dois travailler plus vite!

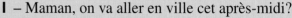

H Point Langue

Passé ou futur?

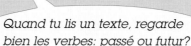 p.146

 1 • Lis le dialogue. Les phrases **1-8** sont au passé ou au futur?

	Passé	Futur
Exemple:		1, ...

1 – Maman, on va aller en ville cet après-midi?
2 – Tu as fait ta chambre?
3 – Non, non, je vais faire le ménage demain.
4 – Tu as fini tes devoirs?
5 – Je vais regarder mes maths ce soir.
6 – Et ton grand-père? Tu as vu ton grand-père cette semaine?
7 – Non, mais je vais téléphoner.
8 – J'ai une idée. Moi, je vais aller en ville. Toi, tu vas travailler.

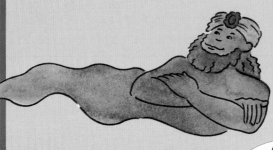

Quand tu lis un texte, regarde bien les verbes: passé ou futur?

2 • Recopie les questions **1-8** ou **1-9** avec les réponses **a-h** ou **a-i** dans le bon ordre.

◆ •

1 Tu vas manger où?
2 Tu as mangé où?
3 Tu vas faire le jardin avec qui?
4 Tu as fait le jardin avec qui?
5 Tu vas voyager comment?
6 Tu as voyagé comment?
7 Qu'est-ce que tu vas acheter?
8 Qu'est-ce que tu as acheté?

a Je vais faire le jardin tout seul.
b Je vais acheter des chaussures.
c J'ai voyagé en voiture.
d Je vais manger chez Jérémy.
e J'ai acheté une casquette.
f J'ai fait le jardin avec ma cousine.
g J'ai mangé en ville.
h Je vais voyager en avion.

♣ •

1 Tu vas sortir quand?
2 Tu as mangé où?
3 Tu as travaillé hier soir?
4 Tu vas manger où?
5 Tu vas travailler ce soir?
6 Qu'est-ce que tu vas visiter?
7 Tu vas voyager en train?
8 Tu as visité le musée du Cinéma?
9 Tu as pris le car?

a Je vais aller au restaurant.
b Dans une heure.
c Oui, je vais faire mes sciences.
d Oui. Il va partir à 9h34.
e J'ai été au snack-bar.
f Oui, j'ai fait mon anglais.
g Je vais aller à la Cité des Sciences.
h Non, j'ai été à la gare.
i Non, mais j'ai vu le musée du Sport.

ATELIER

Ça ne va pas. Je suis travailleuse, mais à la maison je dois aider mes trois petits frères. Et parce que je ne peux pas beaucoup sortir, je n'ai pas beaucoup de copains. Où est la solution?

Chris

J'ai 13 ans et je suis capable de prendre mes décisions. Je suis indépendante, et je préfère travailler quand je veux. Pourquoi faire des maths? Moi, le dessin et la danse m'intéressent, c'est tout!

Jo

J'ai des problèmes au collège. Je ne travaille pas bien parce que je n'aime pas ma classe. Il y a beaucoup de sportifs dans ma classe, et ils sont horribles avec moi. Je suis petit et assez timide. Tu as une solution?

Dominique

Cette année, mes résultats sont nuls. J'aimerais bien travailler, mais je suis bavard! En plus, je ne suis pas très poli et j'ai des punitions: du travail à la récréation, par exemple. Je suis sûr que les profs me détestent. Qu'est-ce que je peux faire?

Ginny

 1 • Nicolas travaille à **ADOS** magazine.
- Aide Nicolas à classer ses lettres:
- Ecris le prénom.
  1 Qui n'aime pas le sport?
  2 Qui aime seulement deux matières?
  3 Qui doit beaucoup aider à la maison?
  4 Qui veut travailler mais parle trop?

 2 • Qui a écrit les lettres: garçons ou filles? Regarde bien les adjectifs!
- Tu as bien deviné? Ecoute les quatre dialogues.

3 • Voici des solutions possibles pour Chris, Jo, Dominique et Ginny.
- Choisis une bonne solution pour chaque personne.
- Ecris le prénom et la lettre (**a-i**).
  a Tu pourrais ignorer les maths.
  b Il faut refuser d'aider à la maison.
  c Tu dois changer de place en classe.
  d Tu pourrais essayer un sport plus facile.
  e Explique ton problème à ta mère.
  f Il faut parler à ton prof de maths.
  g Tu dois bavarder et refuser les punitions.
  h Est-ce que tu pourrais changer de classe?
  i Demande à sortir une fois par semaine.

1 Tu vas aller en vacances?

1 • Fais correspondre les bulles **1-8** de la bande dessinée avec les photos **a-h**.

Exemple: **1 = g**

2 ◆ • Fais correspondre les six dialogues avec les photos de l'exercice 1.
• Ecris une lettre (**a-h**) ou plus.

Exemple: **1 = g, b**

♣ • Fais ◆ et écris quand.

Exemple: **1 = g, b, week-end.**

3 • Qu'est-ce que tu préfères? Recopie les activités par ordre de préfèrence.
◆ • Fais **A** et **B** ou **C**. ♣ • Fais **A**, **B** et **C**.

A A la mer	B A la montagne	C A la campagne
nager	faire des promenades	observer les insectes
bronzer	faire du ski	dormir
jouer sur la plage	faire de l'alpinisme	faire des promenades
pêcher	jouer dans la neige	faire un pique-nique
dormir	chercher des fleurs	pêcher dans un lac
jouer au ballon	observer les animaux	faire un barbecue

(5) Ou on va à la campagne?
(6) On pourrait faire des barbecues.

(7) Oh non! On va en Espagne?
(8) On pourrait bronzer.

Et moi! Je peux parler?

 4
- Travaillez à deux.
- Faitez six cartes par personne: montagne, campagne, bronzer, barbecues, promenades, nager.

A : *montagne* ⟶ *On pourrait aller à la montagne?*

B : *montagne* ⟶ *D'accord. Bonne idée!*

ou:

B : *barbecues* ⟶ *Oh, non. J'aimerais mieux faire des barbecues.*

5
- Ecoute la conversation.
- Ecris la destination de vacances.
  ◆ • Donne une raison.
  ♣ • Donne un maximum de raisons.

A

6 *A toi!*
- Ecoutez et pratiquez le dialogue à deux.
  - Qu'est-ce qu'on va faire cet été?
  - On pourrait aller à la mer?
  - Oh, non! Je n'aime pas nager! On va à la montagne? En Ecosse?
  - A la montagne? Pourquoi?
  - J'aimerais bien faire des promenades.
  - Moi, j'aimerais mieux bronzer.
  - On peut bronzer à la montagne!
  - Bon, d'accord.
- A : Choisis une idée de vacances: poster **A**, **B** ou **C**.
- B : Choisis un poster différent.
- Ecrivez un dialogue.
  ◆ • Six phrases minimum. ♣ • Dix phrases minimum.
- Pratiquez le dialogue à l'aide de cartes-mémoire.

B

C

Qu'est-ce qu'on va faire cet été?	
Qu'est-ce que tu vas faire cet été?	
Tu vas/On va aller en vacances?	
Je vais	aller à la montagne/à la campagne
On pourrait	aller à la mer/en Espagne
J'aimerais bien/mieux	faire des barbecues/des promenades
On va	nager/bronzer
Oui, bonne idée.	
Oh, non! Ce n'est pas drôle.	

J On va partir comment?

1 • Qu'est-ce qu'ils préfèrent? Ecris les deux lettres (destination et transport).
Exemple: **1 = a, f**

a
b
c
d
e
f
g
h

2 • Choisis une photo-destination (**a-e**) et une photo-transport (**f-h**).
• Trouve des personnes identiques dans la classe.

A — Tu vas aller où?

Je vais aller dans un camping. — B

A — Moi aussi. Tu vas partir comment?

Je vais partir en bateau. — B

A — Moi, je vais partir en voiture.

Tu vas/On va	partir quand/comment? aller où?
Je vais/On va J'aimerais bien	partir le 20 août aller en voiture/en bateau/en avion dans un camping/ un hôtel/un gîte chez Julie/les grands-parents

3 • Travaillez à deux.
• A : Choisis une date de vacances en secret.
• B : Devine la date.

Tu vas partir le 15 septembre? — B

A — Avant

Le 12 juillet? — B

A — Après

Le...? — B

Attention!

Le 1er (**premier**) juin
Le 2 (deux) juin
Le 3 (trois) juin
Le 4 (quatre) juin...

J'ai une idée! L'oncle Arthur a une maison en Espagne.

On va aller chez l'oncle Arthur?

On pourrait aller dans un camping ou dans un gîte.

4 • Ecoute 1-7 et complète la grille.

	Quand?	Durée
Exemple: 1	20 juillet	2 semaines

• Calcule les dates de retour.

Exemple: **1 – 3 août.**

Qui va finir les vacances en premier?

5 • Lis 1-8 et la lettre.

• Ecris vrai ou faux.

1 Frédo a passé une semaine chez Nadia.

2 Il va rester trois semaines à la maison.

3 Il a fait le jardin avec Nadia.

4 Il va travailler dans un magasin de vêtements.

5 Frédo a été chez sa cousine à Pâques.

6 Frédo va aller à Bayeux avec sa classe.

7 La classe de Frédo a fait un voyage d'histoire en Normandie.

8 Frédo a aidé les profs en sport.

Chère Angélique,

Tu travailles beaucoup en ce moment? Moi, dans une semaine, c'est les vacances. Et j'ai deux mois de vacances!

Pour commencer, je vais passer une semaine chez ma cousine Nadia et trois semaines à la maison. Avec Nadia, on va faire le jardin de son grand-père et on va aider sa mère: elle a un magasin de vêtements en ville. A Pâques aussi j'ai été chez Nadia, mais trois jours seulement. On a fait un grand repas avec ses parents et ses frères.

En août, avec ma famille, on va aller à la montagne. On va partir en voiture parce que c'est plus pratique, et on va camper. On va seulement partir une semaine parce que ma mère ne travaille pas en ce moment. Les vacances, c'est cher!

Tu sais, la montagne, c'est mes deuxièmes vacances cette année. En mai, avec ma classe, on a été en Normandie pour un voyage d'histoire. Trois nuits dans un centre de vacances: génial! On a vu la tapisserie de Bayeux.

Bon, je dois sortir. C'est samedi, mais cet après-midi je vais aider les profs pour la fête sportive.

Ecris-moi cet été,

Frédo

6 A toi!

• Ecris une lettre. Décris tes projets de vacances.

• Fais un plan. Par exemple...

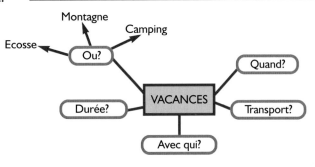

K Point Langue
Questions

p.14?

Comprendre les questions, c'est important!

I • Fais correspondre **1-6** avec **a-f**.

1 **Qu'est-ce que** tu vas manger?   **a** **At what time** are you going to eat?
2 (**Est-ce que**) tu vas manger?   **b** **With whom** are you going to eat?
3 Tu vas manger **quand**?   **c** **Are you** going to eat?
4 Tu vas manger **à quelle heure**?   **d** **Where** are you going to eat?
5 Tu vas manger **où**?   **e** **What** are you going to eat?
6 Tu vas manger **avec qui**?   **f** **When** are you going to eat?

Tu veux poser des questions? Il y a deux méthodes.
Où *est-ce que* tu vas manger? = Tu vas manger **où**?
Quand *est-ce que* tu vas manger? = Tu...?
Avec qui *est-ce que* tu vas manger? = Tu...?
A quelle heure *est-ce que* tu vas manger? = Tu...?
... Mais attention!
Qu'est-ce *que* tu vas manger? = Tu vas manger **quoi**?

---

2 ◆ • Fais correspondre **1-6** avec **a-f**.

1 Annie, tu vas sortir ce week-end?   **a** Je vais aller au cinéma.
2 Tu vas aller où?   **b** En ville.
3 Qu'est-ce que tu vas faire?   **c** A dix heures, ça va?
4 Tu vas sortir avec qui?   **d** Oui, samedi soir.
5 Tu vas partir à quelle heure?   **e** A sept heures moins le quart.
6 Tu vas rentrer quand?   **f** Avec Christophe.

 • Ecris les questions.

– 1 _____?
– Je vais aller en vacances.
– 2 _____?
– Je vais partir le 3 août.
– 3 _____?
– Avec ma copine Fabienne et ses parents.
– 4 _____?
– En Espagne.
– 5 _____?
– Je vais nager et bronzer.
– 6 _____?
– Le 19 août.

Je dois rentrer à quelle heure?

ATELIER

A

Tu veux des vacances différentes, dynamiques? Lis le **Guide des projets jeunes**. Il est gratuit! Contacte le Centre régional d'information jeunesse du Languedoc-Roussillon.

IDÉES VACANCES

(

Tu habites à Paris ou dans la région? Achète **Le Paris des enfants**, un guide pour les 5-15 ans (éditions Rouge et Or). Des idées clubs, sports, musées et autres activités.

D

Tu vas en vacances à la mer? Apprends un nouveau sport. Beach-volley, sandball (un peu comme le handball), kayak de mer (en canoë adapté à la mer), foot de plage ou tennis de plage. Tu as le choix!

B

Tu veux apprendre l'anglais cet été? Tu veux réviser en vacances? Achète **Le guide des vacances enfants-ados** (éditions Milan).

E

Tu vas voyager en voiture cet été? Par autoroute? Tu peux apprendre 27 sports différents sur les aires de repos du sud de la France. Et c'est gratuit! Téléphone au 02 37 68 09 79 (2f23 la minute).

 1
- Lis **IDÉES VACANCES**. Ça t'intéresse?
- Classe **a-e** par ordre de préférence.
- Ecris tes raisons.

2
- Ecoute Christian à l'office de tourisme.
- Trouve les vacances idéales: **A**, **B**, **C**, **D** ou **E**?

 3
- Travaillez à deux.
- Faites un poster-publicité ou une publicité-radio pour le **GUIDE DES PLAGES DE FRANCE**.

GUIDE DES PLAGES DE FRANCE

1 LES NOMS – Nouns (n)

a A noun is a person, animal or thing.

mon **père**   *my father*
un **chien**   *a dog*
les **frites**   *the chips*

b Nouns are masculine (m) or feminine (f).

– with people, you can guess (m or f):
le père   *the father*   **la** mère   *the mother*
– with animals or things, you can't guess, so when you learn a new noun you must also learn whether it is masculine or feminine:
un lit (m)   *a bed*   **le** train (m)   *the train*
une rue (f)   *a street*   **la** carte (f)   *the map*

c Nouns are singular (s) or plural (pl.).

– s: only one person or object.
– pl.: several people or objects.
– In the plural, you normally add an **-s**:
un copain   *a friend*
deux copain**s**   *two friends*
– Exceptions:
Nouns ending in -**al** or -**au**:
un anim**al**   *an animal*
trois anim**aux**   *three animals*
un bate**au**   *a boat*
des bate**aux**   *boats*
Nouns ending in -s:
un bu**s**   *a bus*   deux bu**s**   *two buses*

2 LES ARTICLES – Articles

a An article is a short word before a noun.

It shows whether a noun is:
– masculine (m) or feminine (f).
– singular (s) or plural (pl.).

b The

	m	f
Singular (s) Nouns starting with a consonant:	le	la
Most nouns starting with a vowel or -h:	l'	l'
Plural (pl.)	les	les

---

le cinéma   *the cinema*
la radio   *the radio*
l'hôpital   *the hospital*
les livres   *the books*

c A, an (pl. some)

	m	f
Singular (s)	un	une
Plural (pl.)	des	des

un frère   *a brother*
une sœur   *a sister*
des copains   *(some) friends*

d Some (a few)

	m	f
Singular (s) Nouns starting with a consonant:	du	de la
Most nouns starting with a vowel or -h:	de l'	de l'
Plural (pl.)	des	des

du chocolat   *(some) chocolate*
de la monnaie   *(some) change*
de l'argent   *(some) money*
des posters   *(a few) posters*

e Negatives

un, **une**, **du**, **de la**, **de l'** and **des** change to **de** after the negative **ne... pas**:
Tu as **un** stylo? Je n'ai pas **de** stylo.
Have you got a pen? I haven't got a pen.
Vous avez **du** thé? Je n'ai pas **de** thé.
Have you got any tea? I haven't got any tea.

f Opinions

When giving opinions, use the articles **le**, **la**, **l'**, or **les** for both positive and negative:
Je n'aime pas **le** sport. *I don't like sports.*
Les hamburgers, c'est dégoûtant.
Hamburgers are disgusting.
La violence, ça me fait peur.
Violence scares me.

3 LES ADJECTIFS – Adjectives (*adj*)

a An adjective describes a noun.

J'ai les cheveux **blonds**.   *I have blond hair.*
Adjectives **agree** with the noun they describe. This means they can have different endings depending on whether the noun is masculine, feminine, singular or plural.

b Regular adjectives

	m	*f*
singular (*s*)	-	-e
plural (*pl.*)	-s	-es

un cahier vert
une règle vert**e**
des cahiers verts
des règles vert**es**

c Other adjectives

– Adjectives ending in -**e** (*ms*) do not change in the feminine:
 un pull larg**e**   *a big jumper*
 une veste larg**e**   *a big jacket*
– Adjectives ending in -**s** or -**x** (*ms*) do not change in the masculine plural:
 un chat gri**s**   *a grey cat*
 j'ai les yeux gri**s**   I *have grey eyes*
 un chat rou**x**   *a ginger cat*
 j'ai les cheveux rou**x**   I *have ginger hair*
– Some adjectives ending in -**eur** (*ms*) change to -**euse** in the feminine (*fs*):
 Mon frère est paress**eux**.   *My brother is lazy.*
 Ma sœur est paress**euse**.   *My sister is lazy.*
– **Marron** is always spelt the same:
 Une jupe marron   *a brown skirt*
– Other irregular adjectives:

ms	*fs*
sympa	sympa
long	longue
sportif	sportive
industriel	industrielle
ancien	ancienne

d The adjective usually goes after the noun:

(English puts the adjective *before* the noun)
 une ville **bruyante**   *a noisy town*
 un pantalon **noir**   *black trousers*
– Note: **grand** and **petit** normally go before the noun they describe:
 un **petit** frère   *a little brother*
 une **grande** maison   *a big house*

e Comparing two people or things

plus ... que... = *more ... than...*
moins ... que... = *less ... than...*
The adjective agrees with the first noun:
 (*m*) Mon village est **moins** ancien **que** ta ville.
 My village is less old than your town.
 (*f*) Ma ville est **moins** ancienne **que** Hatfield.
 My town is older than Hatfield.

4 LES VERBES – Verbs (v, vb, vi or vt)

a The verb describes the action in a sentence:

Je **voyage** *I travel/I am travelling*
Il **a mangé** *He ate/he has eaten*

b The infinitive is the verb form you normally find in the dictionary. It ends in -er, -ir or -re:

voyager *v* to travel
finir *v* to finish
prendre *v* to take

c You: tu or vous?

Use **tu** to address a friend, a relative or someone your age.
Use **vous** – to address any other person.
  – to address more than one person.

d We: use on or nous

On is used more in speaking.
Nous is used more in writing.

e The present tense (le présent)

– It is used to describe what is happening now or what happens regularly:
  Tu manges? *Are you eating?*
  Non, **je travaille.** *No, I am working.*
  Vous travaillez le mercredi?
  Do you work on Wednesdays?
  Non, **nous restons** à la maison.
  No, we stay at home.
– The verb ending changes depending on who is doing the action.
– Regular -**er** verbs: remove -**er** and add these endings:

singular	plural
Je (*I*) -e	Nous (*we*) -ons
Tu (*you*) -es	Vous (*you*) -ez
Il (*he*) -e	Ils (*they, m*) -ent
Elle (*she*) -e	Elles (*they, f*) -ent
On (*one/we*) -e	

- Learn other verbs as you meet them.

f The near future (le futur immédiat)

– It describes what will happen in the near future.

– To form the near future, use:
  1 the correct form of **aller** (*to go*).
  2 the action verb in the infinitive.
  Tu vas regarder la télé?
  Are you going to watch TV?
  Non, **je vais écouter** un CD.
  No, I am going to listen to a CD.

g The perfect tense (le passé composé)

– It describes what has happened in the past.
– To form the perfect tense, use:
  1 the correct part of **avoir**.
  2 a special part of the action verb called the past participle.
  Tu as visité Paris? *Have you visited Paris?*
  J'ai visité Calais.   *I have visited Calais.*
– To form the past participle of regular -**er** verbs, change -**er** to -é:

Regarder

J'ai	-é	**J'ai** regardé
Tu as	-é	**Tu as** regardé
Il a	-é	**Il a** regardé
Elle a	-é	**Elle a** regardé
On a	-é	**On a** regardé

– Learn other verbs as you meet them:
boire (*to drink*) ⟶ j'ai **bu** (*I drank*)
prendre (*to take*) ⟶ j'ai **pris** (*I took*)
voir (*to see*) ⟶ j'ai **vu** (*I saw*)
apprendre (*to learn*) ⟶ j'ai **appris** (*I learnt*)
perdre (*to lose*) ⟶ j'ai **perdu** (*I lost*)
faire (*to do/make*) ⟶ j'ai **fait** (*I did/made*)
attendre (*to wait*) ⟶ j'ai **attendu** (*I waited*)
être (*to be*) ⟶ j'ai **été** (*I was/I went*)
finir (*to finish*) ⟶ j'ai **fini** (*I finished*)

h The negative

– **ne... pas** = *not*; **ne** becomes **n'** before a vowel or -**h**:
  Je **ne** lis **pas**. *I don't read/I am not reading.*
  Je **n'**habite **pas** à Caen.
  I don't live in Caen.
– Present tense: **ne... pas** go round the verb:
  Je **ne** joue **pas**.
  I don't play/I am not playing.

– Immediate future: **ne... pas** go round the first verb (**aller**).

Je **ne** vais **pas** jouer.
I am not going to play.

– Perfect tense: **n'... pas** go round the first verb (**avoir**):

Je **n'**ai **pas** mangé.
I didn't eat/haven't eaten.

– Other negatives are used like **ne... pas**:

ne... rien *nothing*   **ne... jamais** *never*
Il **n'**a **rien** vu.   *He saw nothing.*
Elle **ne** nage **jamais**.   *She never swims.*

i   Verb + infinitive

– When using two verbs in a row, the second must be in the infinitive:

Tu **peux sortir**?   Can you go out?
Je **dois finir** maintenant.   I must finish now.
Elle **aimerait** mieux **dormir**.   She'd rather sleep.

– Exception: in the perfect tense, you do not use the infinitive after **avoir**.

j   TABLEAU DE VERBES – Verb tables
PRESENT TENSE

jouer	préférer	s'appeler	avoir	être
je joue	je préfère	je m'appelle	j'ai	je suis
tu joues	tu préfères	tu t'appelles	tu as	tu es
il joue	il préfère	il s'appelle	il a	il est
elle joue	elle préfère	elle s'appelle	elle a	elle est
on joue	on préfère	on s'appelle	on a	on est
nous jouons	nous préférons	nous nous appelons	nous avons	nous sommes
vous jouez	vous préférez	vous vous appelez	vous avez	vous êtes
ils jouent	ils préfèrent	ils s'appellent	ils ont	ils sont
elles jouent	elles préfèrent	elles s'appellent	elles ont	elles sont
Note:	accents	-l- or -ll-		

aller	faire	pouvoir	devoir	finir	venir
je vais	je fais	je peux	je dois	je finis	je viens
tu vas	tu fais	tu peux	tu dois	tu finis	tu viens
il va	il fait	il peut	il doit	il finit	il vient
elle va	elle fait	elle peut	elle doit	elle finit	elle vient
on va	on fait	on peut	on doit	on finit	on vient
nous allons	nous faisons	nous pouvons	nous devons	nous finissons	nous venons
vous allez	vous faites	vous pouvez	vous devez	vous finissez	vous venez
ils vont	ils font	ils peuvent	ils doivent	ils finissent	ils viennent
elles vont	elles font	elles peuvent	elles doivent	elles finissent	elles viennent
Note:		-eu- or -ou-	-e- or -oi-		

Notes: – regular -er verbs go like **jouer**
  – **vouloir** goes like **pouvoir** (see p.56)
  – **manger**: add an -**e** with the **nous** form: nous mang**e**ons
  – **choisir** goes like **finir**

5 LES PREPOSITIONS
Prepositions (prep)

a to, in and at
– use **en** with countries:

J'habite **en** Italie.   *I live in Italie.*
Je vais **en** France.   *I'm going to France.*

– use **à** with towns:

J'habite **à** Lille.   *I live in Lille.*
Je vais **à** Bath.   *I'm going to Bath.*

– talking about other places:

à + le = **au**; à + la = **à la**; à + l' = **à l'**;
à + les = **aux**
Je vais **au** café.   *I'm going to the café (ms).*
Je suis **à la** banque.   *I am at the bank (mf).*
Je suis **à l'**hôtel.   *I am at the hotel (s)*
(before a vowel or -**h**).
Je vais **aux** magasins. *I'm going to the shops (pl.).*

– talking about someone's home (...'s):

Je vais **chez** Sam.   *I'm going to Sam's.*
Je suis **chez** Paul.   *I am at Paul's.*

– with colours:

Vous avez la jupe **en** bleu?
Have you got the skirt in blue?

b by
– use **en**:

J'aime voyager **en** avion.
I like travelling by plane.

c of
un litre **de** lait   *a litre of milk*
un kilo **d'**oranges   *a kilo of oranges* (vowel)

d Other useful examples – Learn these:
à la maison   *at home*
à droite   *on/to the right*
à 9h30   *at 9.30*
de 3h à 5h   *from 3 to 5 o'clock*
téléphoner à Julie   *to phone Julie*
parler à un copain   *to talk to a friend*
à côté **du** café   *next to the café*
en face **de la** banque   *opposite the bank*
près **de l'**hôtel   *near the hotel*
à gauche **des** fruits   *left of the fruit*
le chien **de** Julien   *Julien's dog*

6 LES ADVERBES - Adverbs
(adv)

a An adverb adds more information to the verb:

how much?

beaucoup (*much*)	**peu** (*little*)
plus (*more*)	**moins** (*less*)
trop (*too much*)	**un peu** (*a little*)

how often? | how well?

encore (*again*)	**bien** (*well*)
souvent (*often*)	**mal** (*badly*)
toujours (*always*)	**mieux** (*better*)
quelquefois (*sometimes*)	

b Position
– present tense: the adverb goes **after** the verb:

Je lis **beaucoup**.   *I read a lot.*

– immediate future: the adverb goes **before** the verb in the infinitive:

Je vais **moins** boire.   *I'm going to drink less.*

– perfect tense: the adverb goes **between** the two parts of the verb:

J'ai **trop** mangé.   *I've eaten too much.*

7 LES ADJECTIFS POSSESSIFS
Possessive adjectives

	my	your	his/her
masculine (m)	mon	ton	son
feminine (f)	ma	ta	sa
plural (pl.)	mes	tes	ses

mon chien   *my dog*
ta demi-sœur   *your step sister*
ses parents   *his/her parents*
The choice of possessive adjective depends on whether the person or thing described is masculine, feminine or plural:
Ludivine a perdu **son** frère (m).
Ludivine has lost her brother.

8 LES QUESTIONS – Questions

a Yes or no questions. You have a choice:

Tu travailles? = **Est-ce que** tu travailles?
Are you working?

b Other questions

Où? *where?* **Comment?** *how?*
Quand? *when?* **Pourquoi?** *why?*
Avec qui? *with whom?*

You can use these words in two ways:

Tu vas **où?** = **Où est-ce que** tu vas?
Where are you going?

c Useful questions to learn by heart

Où est la pharmacie?
Where is the chemist's?
Où sont les magasins?
Where are the shops?
C'est quel quai?
Which platform is it?
C'est **combien?**
How much is it?
Tu as **combien** de billets?
How many tickets have you got?
Qu'est-ce que tu lis?
What are you reading?
Note: **Qu'est-ce que** tu lis? = Tu lis **quoi?**

Les nombres

* Regardez les pages de *Camarades 2* (1-156)
* Supplément:

0	zéro
200	deux cents
201	deux cent un
202	deux cent deux
210	deux cent dix
300	trois cents
1000	mille
1001	mille un
1002	mille deux
1010	mille dix
1100	mille cent
1200	mille deux cents
2000	deux mille

Les jours

lundi
mardi
mercredi
jeudi
vendredi
samedi
dimanche

Les mois

janvier
février
mars
avril
mai
juin
juillet
août
septembre
octobre
novembre
décembre

Français – Anglais

aA

à *prép* to, at
à l'envers the wrong way round
accord *nm* consent; **d'~** OK
acheter *v* to buy
agenda *nm* diary
aide *nf* help; **à l'~ de** with the help of
aider *v* to help
aimer *v* to like
aimerais *see* **aimer**
aire de repos *nf* rest area
alimentation *nf* groceries
allée *nf* aisle
Allemagne *nf* Germany
aller *v* to go; **~ simple** *nm* single ticket;
  ~-retour *nm* return ticket
ami, amie *nm/f* friend
amuser *v* to amuse; **ça m'amuse** it
  amuses me
an *nm*, **année** *nf* year; **j'ai 12 ans**
  I am 12
ancien, ancienne *adj* old, former
Angleterre *nf* England
Anglais, -e *n/adj* English
animé, -e *adj* **dessins animés** cartoons
août *nm* August
appartement *nm* flat
appeler *v* to call; **je m'appelle** my
  name is
apporter *v* to bring
apprendre *v* to learn
après *prép* after
après-midi *nm/f* afternoon
arbre *nm* tree
arrivée *nf* arrival
article *nm* **~s de toilette** toiletries
assez *adv* fairly
attendre *v* to wait, to wait for
attention *nf* be careful
aujourd'hui *adv* today
aussi *adv* also, too
autocollant *nm* sticker
autoroute *nf* motorway
autre *adj* other
avant *prép* before
avec *prép* with
avion *nm* plane
avis *nm* opinion
avoir *v* to have
avril *nm* April

bB

badge *nm* badge
baguette *nf* stick of bread
bain *nm* bath
bande dessinée *nf* cartoon strip
banque *nf* bank
bateau *nm* boat
bavard, -e *adj* talkative, chatty
bavarder *v* to chat
beaucoup *adv* much, a lot

beau-père *nm* stepfather
Belgique *nf* Belgium
belle-mère *nf* stepmother
beurre *nm* butter
bien *adv* well
bienvenue *nf* welcome
billet *nm* ticket, (*money*) note
blanc, blanche *adj* white; *nm* (*in text*)
  gap
bleu, -e *adj* blue
blond, -e *adj* blond
boire *v* to drink
boisson *nf* drink
boîte *nf* tin, can
bon, bonne *adj* good, correct; *excl* OK
bord *nm* **au ~ de la mer** at the seaside
boucherie *nf* butcher's
boucle *nf* **~s d'oreilles** earrings
boulangerie *nf* baker's
boulot *nm* work
bouteille *nf* bottle
bowling *nm* (*venue and game*) tenpin
  bowling
bronzer *v* to sunbathe
brosse *nf* **~ à dents** toothbrush
brun, -e *adj* brown
bruyant, -e *adj* noisy
bu *see* **boire**
bulletin *nm* **~ scolaire** school report
bulle *nf* speech bubble
bureau *nm* office
bus *nm* bus

cC

cadeau *nm* present
café *nm* coffee; café
caisse *nf* cash desk, till
calme *adj* quiet
campagne *nf* countryside
camping *nm* campsite
car *nm* coach
caractère *nm* **en ~s gras** in bold
carnet *nm* book of tickets; **~ scolaire**
  school report
carte *nf* card; map
cassette *nf* cassette
CD *nm* CD
ce, cet, cette *dét* this
cent *num* one hundred
chambre *nf* bedroom
chaque *adj* each
charcuterie *nf* delicatessen
chaussette *nf* sock
chaussure *nf* shoe
cher, chère *adj* expensive
cheveux *nmpl.* hair
chez *prép* **~ Julie** at/to Julie's
chiffre *nm* (*number*) figure
chose *nf* thing
chouette *adj* great
cinéma *nm* cinéma
clair, -e *adj* light
client, -e *nm/f* customer
coca *nm* Coke®
cœur *nm* **par ~** by heart
coller *v* to stick
combien *adv* how much/many
comment *adv* how
commissariat *nm* police station

comprendre *v* to understand
confortable *adj* comfortable
conseil *nm* advice
consonne *nf* consonant
copain, copine *nm/f* friend
correspondant, -e *nm/f* penfriend
côté *nm* side; **à ~ de** beside, next to
courses *nfpl.* shopping
court, -e *adj* short
cravate *nf* tie
cuisine *nf* kitchen; cooking
curieux, -euse *adj* nosey, curious

dD

dangereux,-euse *adj* dangerous
décembre *nm* December
décoration *nf* decoration
demain *adv* tomorrow
demander *v* to ask, to ask for
demi *adj* half
demi-frère *nm* stepbrother
demi-litre *nm* half a litre
demi-sœur *nf* stepsister
dentifrice *nm* toothpaste
dépliant *nm* leaflet
dernier, -ière *adj* last
derrière *prép* behind
désirer *v* to wish; **vous désirez?** what
  would you like?
désolé, -e *adj* sorry
dessin *nm* art
deuxième *adj* second
devant *prép* in front of
devoir *v* must, to have to; **~s** *n*
  homework
dimanche *nm* Sunday
discothèque *nf* disco(theque)
discuter *v* to chat
dois *see* **devoir**
donner *v* to give
douche *nf* shower
droite *nf* right
drôle *adj* funny

eE

échange *nm* exchange
Ecosse *nf* Scotland
écouter *v* to listen to
écrire *v* to write
église *nf* church
embêtant, -e *adj* annoying
en *prép* in, to
encore *adv* again
énerver *v* to annoy; **ça m'énerve**
  it annoys me
enfant *nm/f* child
ennuyer *v* to bore; **ça m'ennuie**
  it bores me
ennuyeux, -euse *adj* boring
ensuite *conj* next
entre *prép* between
entrée *nf* entrance
environ *adv* more or less
épeler *v* to spell
es, est *see* **être**
Espagne *nf* Spain
essayer *v* to try, to try on
et *conj* and
était *see* **être**

été *v* see **être**; *nm* summer
être *v* to be
explication *nf* explanation
expliquer *v* to explain
exposition *nf* exhibition
expression *nf* phrase

fF

faire *v* to do, to make
fatigant, -e *adj* tiring
fatigué, -e *adj* tired
faut *v* il ~ one must
fermé, -e *adj* closed
fermer *v* to close
fêter *v* celebrate
feuille *nf* (*paper*) sheet
feuilleton *nm* (*TV*) serial
février *nm* February
film *nm* film
finalement *adv* finally
finir *v* to finish
foncé, -e *adj* dark
fond *nm* bottom; **au** ~ at the back
fraise *nf* strawberry
franc *nm* franc
Français, -e *nm/f* and *adj* French
frère *nm* brother
frite *nf* chip
fromage *nm* cheese
fruit *nm* fruit

gG

gagner *v* to win
garder *v* to look after
gare *nf* (*train*) station
gâteau *nm* cake
gauche *nf* left
génial, -e *adj* great
géographie *nf* geography
gîte *nm* holiday home
glace *nf* ice cream
gramme *nm* gramme
Grande-Bretagne *nf* Great Britain
grand-mère *nf* grandmother
grand-père *nm* grandfather
grands-parents *nmpl.* grandparents
gratuit, -e free of charge
Grèce *nf* Greece
gris, -e *adj* grey

hH

habiter *v* to live
heure *nf* hour, time
hier *adv* yesterday
histoire *nf* history; story
homme *nm* man, mankind
hôpital *nm* hospital
hôtel *nm* hotel

iI

île *nf* island
importe n' ~ qui anybody
indice *nm* clue
informations *nfpl.* (*TV*) news
informatique *nf* computer studies
intéresser *v* to interest; **ça m'intéresse** it interests me
interros *nfpl.* tests
intrus *nm* odd one out
Italie *nf* Italy

jJ

jamais *adv* never
jambon *nm* ham
janvier *nm* January
jardin *nm* garden
jaune *adj* yellow
jeudi *nm* Thursday
jeu *nm* game; ~ -télé TV game show
jeune *adj* young
joli, -e *adj* pretty
jouer *v* to play
jouet *nm* toy
joueur *nm* player
jour *nm* day
juillet *nm* July
juin *nm* June
juste *adj* fair; (*size*) tight

kK

kilo *nm* kilo

lL

lait *nm* milk
laiterie *nf* dairy
large *adj* wide
laver *v* wash
légume *nm* vegetable
librairie *nf* book shop
limonade *nf* lemonade
lire *v* to read
lit *nm* bed
litre *nm* litre
loin *prép* far; ~ **de** far from
loisir *nm* hobby
long, longue *adj* long
lundi *nm* Monday

mM

ma *possessive f* my
magasin *nm* shop; **grand** ~ department store
mai *nm* May
mais *conj* but
maison *nf* house
mal *adv* bad; **pas** ~ not bad
manger *v* to eat
marché *nm* market
mardi *nm* Tuesday
marron *adj inv* brown
mars *nm* March
maths, mathématiques *nfpl.* maths
matière *nf* (*school*) subject
matin *nm* morning
mauvais, -e *adj* bad
ménage *nm* housework
menteur, -euse *n* liar
mercredi *nm* Wednesday
mère *nf* mother
mes *possessive pl.* my
métro *nm* tube, underground
mettre *v* to put, to put on, to wear
midi *nm* midday, lunchtime
mieux *adv* better
mille *num* one thousand
minuit *nm* midnight
moche *adj* ugly
moi *pron* me
moins *adv* less; ~... **que** less ... than
mon *possessive m* my

monnaie *nm* (*coins*) change
montagne *nf* mountain
mot *nm* word
mur *nm* wall
musée *nm* museum
musique *nf* music

nN

nager *v* to swim
né, -e *pp* born; **je suis né** I was born
Noël *nm* Christmas
noir, -e *adj* black
nouveau, -elle *adj* new
novembre *nm* November
nul, nulle *adj* rubbish, awful, useless
numéro *nm* number

oO

octobre *nm* October
orange *nm* orange; *adj inv* orange
ou *conj* or
où *adv* where
oublier *v* to forget
ouvert, -e *adj* open
ouvrir *v* to open

pP

pain *nm* bread
papier *nm* paper; ~ **à lettres** writing paper
paquet *nm* packet
par cœur by heart
parc *nm* park
parce que *conj* because
parenthèse *nf* bracket
paresseux, -euse *adj* lazy
parfait, -e *adj* perfect
parler *v* to speak, talk
partir *v* to leave
patinoire *nf* ice skating rink
pâtisserie *nf* cake shop
payer *v* to pay
pays *nm* country; **Pays de Galles** Wales
père *nm* father; **le** ~ **Noël** Father Christmas
peu *adv* little; **un** ~ a little
peur *nf* fright; **ça me fait peur** it scares me
peux see **pouvoir**
pharmacie *nf* chemist's
phrase *nf* sentence
pièce *nf* (*money*) coin
pied *nm* foot; **à** ~ on foot, walking
piscine *nf* swimming pool
plage *nf* beach
plan *nm* map
plus *adv* more; ~... **que** more ... than
policier *adj* film ~ detective film
pomme *nf* apple; ~ **de terre** potato
porte-clés *nm* keyring
portefeuille *nm* wallet
porte-monnaie *nm* purse
porter *v* to wear
pot *nm* pot
poulet *nm* chicken
pourquoi *adv* why
pourrait see **pouvoir**
pouvoir *v* to be able to, can
pratique *adj* practical, convenient

premier, -ière *adj* first
prendre *v* (*photos*) to take, (*bath*) to have
prénom *nm* first name
près *prép* near; ~ **de** near
se présenter *v* to introduce oneself
pris *see* **prendre**
prix *nm* price
prochain, -e *adj* next; **l'année prochaine** next year
projet *nm* plan
publicité *nf* advert
puis *conj* then

qQ

quai *nm* platform
quand *adv* when
quatre-vingt-dix *num* ninety
quatre-vingts *num* eighty
quel, quelle *adj* which; **à ~ heure?** at what time?
quelque *adj* ~ **chose** something
quelquefois *adv* sometimes
qu'est-ce que what
qui *pron* which, who
quoi *pron* what

rR

rapide *adj* fast
rayon *nm* (*in large store*) department
récré, récréation *nf* (school) break
rendez-vous *nm* meeting, date
rentrer *v* to go back home
repas *nm* meal
répondre *v* to answer
responsable *nm/f* person in charge
rester *v* to stay
rien *pron* nothing
rose *adj* pink
rouge *adj* red
rue *nf* street

sS

sa *possessive f* his, her
sais *see* **savoir**
Saint-Sylvestre *nf* New Year's Eve
salle *nf* room; **~ à manger** dining room; **~ de classe** classroom; **~ de bains** bathroom
salon *nm* lounge, sitting room
samedi *nm* Saturday
sandwich *nm* sandwich

sans *prép* without
sapin *nm* Christmas tree
saucisson *nm* (*slicing*) sausage
sauf *prép* except
savoir *v* to know
savon *nm* soap
science(s) *nf/nfpl.* science(s)
scolaire *adj* **bulletin** ~*nm* school report
séjour *nm* lounge, sitting room
semaine *nf* week
septembre *nm* September
sérieux, -euse *adj* serious
ses *possessive pl.* his, her
seulement *adv* only
sœur *nf* sister
soir *nm* evening
soixante *num* sixty
soixante-dix *num* seventy
son *possessive m* his, her
sondage *nm* survey
sortir *v* to go out
sous *prép* under
souvent *adv* often
sport *nm* sport
sportif, -ve *adj* sporty
station *nf* (*underground*) station
suis *see* **être**
sur *prép* on, on top of
super *adj* great
supermarché *nm* supermarket
surgelé, -e *adj* frozen; ~**s** *nmpl* frozen foods
sympa *adj* friendly

tT

ta *possessive f* your
tard *adv* late
tarif *nm* price list
technologie *nf* technologie
télécarte *nf* phonecard
téléphoner (~ **à**) *v* to phone
temps *nm* **de ~ en ~** from time to time
tes *possessive pl* your
thé *nm* tea
ticket *nm* ticket
timide *adj* shy
toi *pron* you
toilettes *nfpl.* toilets
ton *possessive m* your
toujours *adv* always

tout, e (*pl.* **tous, toutes**) *adj* all, every
traduction *nf* translation
train *nm* train
tranche *nf* slice
travailler *v* to work
travailleur, -euse *adj* hard-working
très *adv* very
troisième *adj* third
trop *adv* too, too much
trouver *v* to find

uU

usine *nf* factory
utile *adj* useful
utiliser *v* to use

vV

va *see* **aller**
vacances *nfpl.* holidays
vaisselle *nf* washing up
valise *nf* suitcase
variétés *nfpl.* variety show
veille *nf* **la ~ de Noël** Christmas Eve
vélo *nm* bicycle
vendeur, -euse *nm/f* shop assistant
vendredi *nm* Friday
venir *v* to come
vert, e *adj* green
veste *nf* jacket
vestiaires *nmpl.* cloakroom
vêtements *nmpl.* clothes
veux *see* **vouloir**
viande *nf* meat; **~ hachée** mince
viens *see* **venir**
village *nm* village
ville *nf* town
violet, -ette *adj* purple
vite *adv* quickly; **le plus ~ possible** as quickly as possible
voici *prép* here is
voir *v* to see
voiture *nf* car
vouloir *v* to want
voyage *nm* trip, journey
voyelle *nf* vowel
vraiment *adv* really
vu *see* **voir**

wW

wagon-restaurant *nm* dining car

yY

yaourt *nm* yoghurt

English ~ French

aA

able *adj* to be ~ to pouvoir
advert *n* publicité *f*
advice *n* conseil *m*
after *prep* after
afternoon *n* après-midi *m* or *f*
aisle *n* allée *f*
all *adj* tout, -e; *pl.* tous, toutes
also *adv* aussi
and *conj* et
annoy *v* énerver; it annoys me ça m'énerve
annoying *adj* embêtant, -e
answer *v* répondre
anybody *pron* n'importe qui
April *n* avril *m*
art *n* dessin *m*
ask, ask for *v* demander
August *n* août *m*
awful *adj* nul, nulle

bB

back *n* at the ~ au fond *m*
badge *n* badge *m*
baker *n* ~'s shop boulangerie *f*
bank *n* banque *f*
bath *n* bain *m*
bathroom *n* salle de bains *f*
be *v* être
beach *n* plage *f*
because *conj* parce que
bed *n* lit *m*
bedroom *n* chambre *f*
before *prep* avant
behind *prep* derrière
Belgium *n* Belgique *f*
better *adv* mieux
between *prep* entre
bicycle *n* vélo *m*, bicyclette *f*
black *adj* noir, -e
blond *adj* blond, -e
blue *adj* bleu, -e
boat *n* bateau *m*
book *n* livre *m*; ~ shop librairie *f*
bore *v* ennuyer; it bores me ça m'ennuie
boring *adj* ennuyeux, -e
born *pp* né, -e
bottle *n* bouteille *f*
bowling *n* tenpin bowling *m*
bread *n* pain *m*; stick of ~ baguette *f*
break *n* (*school*) récré, récréation *f*
brother *n* frère *m*
brown *adj* (*clothes, eyes*) marron *inv*, (*hair*) brun, -e
bus *n* bus *m*
but *conj* mais
butcher *n* ~'s shop boucherie *f*
butter *n* beurre *m*
buy *v* acheter

cC

café *n* café *m*
cafeteria *n* cafétéria *f*
cake *n* gâteau *m*; ~ shop pâtisserie *f*
campsite *n* camping *m*

can *v* pouvoir
car *n* voiture *f*; dining ~ wagon-restaurant *m*
cartoons *n* dessins animés *mpl.*
celebrate *v* fêter
change *n* (*coins*) monnaie *f*
chat *v* bavarder
cheese *n* fromage *m*
chemist *n* ~'s shop pharmacie *f*
chicken *n* poulet *m*
child *n* enfant *m/f*
chip *n* (*food*) frite *f*
Christmas *n* Noël *m*; ~ Eve la veille de Noël *f*
church *n* église *f*
cinema *n* cinéma *m*
classroom *n* salle de classe *f*
cloakroom *n* vestiaires *mpl.*
close *v* fermer
closed *adj* fermé, -e
clothes *n* vêtements *mpl.*
coach *n* car *m*
coffee *n* café *m*
coin *n* pièce *f*
come *v* venir
comfortable *adj* confortable
computer *n* ordinateur *m*; ~ studies informatique *f*
cooking *n* cuisine *f*
country *n* pays *m*
countryside *n* campagne *f*
customer *n* client, -e *m/f*

dD

dairy *n* laiterie *f*
dangerous *adj* dangereux, -euse
dark *adj* (*colour*) foncé, -e
day *n* jour *m*
December *n* décembre *m*
decoration *n* décoration *f*
delicatessen *n* charcuterie *f*
department store *n* grand magasin *m*
do *v* faire
drink *v* boire; *n* boisson *f*

eE

earring *n* boucle d'oreille *f*
eat *v* manger
eighty *num* quatre-vingts
England *n* Angleterre *f*
English *n* Anglais, -e; *adj* anglais, -e
evening *n* soir *m*
every *adj* tout, e (*pl* tous, toutes)
except *prep* sauf
expensive *adj* cher, chère

fF

factory *n* usine *f*
fair *adj* juste
far *prep* loin; ~ from loin de
fast *adj* rapide
father *n* père *m*; ~ Christmas le père Noël
February *n* février *m*
film *n* film *m*
finally *adv* finalement
find *v* trouver
finish *v* finir
first *adj* premier, -ière
flat *n* appartement *m*
foot *n* pied *m*; on ~ à pied
forget *v* oublier
franc *n* franc *m*
free of charge gratuit, -e

French *n* Français, -e; *adj* français, -e
Friday *n* vendredi *m*
friend *n* copain *m*, copine *f*
friendly *adj* sympa
front *n* in ~ of devant
frozen *adj*, ~ foods surgelés *mpl.*
fruit *n* fruit *m*
funny *adj* drôle

gG

game *n* jeu *m*; ~ show jeu-télé *m*
garden *n* jardin *m*
geography géographie *f*
Germany *n* Allemagne *f*
go *v* aller (go out sortir; go back home sortir)
gramme *n* gramme *m*
grandfather *n* grand-père *m*
grandmother *n* grand-mère *f*
grandparents *n* grands-parents *mpl.*
great *adj* (= *very good*) super, chouette, génial
Great Britain *n* Grande-Bretagne *f*
Greece *n* Grèce *f*
green *adj* vert, -e
grey *adj* gris, -e
groceries *n* alimentation *f*

hH

hair *n* cheveux *mpl.*
half *adj* demi, e
ham *n* jambon *m*
hard-working *adj* travailleur, -euse
have *v* avoir, (*bath*) prendre, (*to take*)
have (*to possess*) *v* avoir, (*to take*) *v* prendre
have to *devoir*
help *v* aider
her *possessive* son, sa, ses
his *possessive* son, sa, ses
history *n* histoire *f*
holiday *n* vacances *fpl.* ~ home gîte *m*
homework *n* devoirs *mpl.*
hospital *n* hôpital *m*
hotel *n* hôtel *m*
house *n* maison *f*; ~ work ménage *m*
how? *adv* comment?; ~ much/many combien
hundred *num* one ~ cent

iI

ice cream *n* glace *f*
in *prep* dans, en, a
industrial *adj* industriel, -elle
Ireland *n* Irlande *f*
Italy *n* Italie *f*

jJ

January *n* janvier *m*
journey *n* voyage *m*
July *n* juillet *m*
June *n* juin *m*

kK

keyring *n* porte-clés *m*

lL

last *adj* dernier, -ière
late *adv* tard
lazy *adj* paresseux, -euse
leaflet *n* dépliant *m*
learn *v* apprendre
leave *v* partir
left *n* gauche *f*
lemonade *n* limonade *f*

less *adv* moins; ~ ... **than** moins... que
light *adj* (*colour*) clair
listen, listen to *v* écouter
litre *n* litre *m*
little *adj* petit; *adv*; **a** ~ un peu
live *v* habiter
long *adj* long, longue
look *v* regarder; ~ **after** garder
lounge *n* salon *m*, séjour *m*

mM

make *v* faire
March *n* mars *m*
market *n* marché *m*
maths maths, mathématiques *fpl.*
May *n* mai *m*
meal *n* repas *m*
midday *n* midi *m*
midnight *n* minuit *m*
milk *n* lait *m*
modern *adj* moderne
Monday *n* lundi *m*
more *adv* plus; **more ... than** plus... que
morning *n* matin *m*
mother *n* mère *f*
motorway *n* autoroute *f*
mountain *n* montagne *f*
museum *n* musée *m*
music *n* musique *f*
must *v* devoir
my *possessive* mon, ma, mes

nN

near *prep* près, près de
never *adv* jamais
new *adj* nouveau, nouvelle
news *n* informations *fpl.*
New Year's Eve *n* la Saint-Sylvestre
next *conj* ensuite; *adv* ~ **to** à côté de;
  adj ~ **year** l'année prochaine
ninety *num* quatre-vingt-dix
noisy *adj* bruyant, -e
note *n* (*money*) billet *m*
nothing *pron* rien
November *n* novembre *m*

oO

October *n* octobre *m*
office *n* bureau *m*
often *adv* souvent
old *adj* (*town*) ancien, ancienne
on *prep* sur
open *v* ouvrir; *adj* ouvert, -e
opinion *n* **in my** ~ à mon avis
or *conj* ou
orange *n* orange *f*; *adj* orange *inv*

pP

packet *n* paquet *m*
paper *n* papier *m*; **writing** ~ papier à
  lettres
park *n* parc *m*
pay *v* payer
penfriend *n* correspondant, -e
perfect *adj* parfait, -e
phone *n* téléphone *m*; *v* téléphoner
phonecard *n* télécarte *f*
pink *adj* rose
plane *n* avion *m*
platform *n* quai *m*
play *v* jouer
police *n*; ~ **station** commissariat *m*
pot *n* pot *m*

potato *n* pomme de terre *f*
pound *n* (*weight*) demi-kilo *m*,
  500 grammes; (*money*) livre *f*
practical *adj* pratique
present *n* cadeau *m*
pretty *adj* joli, -e
price *n* prix *m*
purple *adj* violet, -ette
purse *n* porte-monnaie *m*

qQ

quickly *adv* vite
quiet *adj* calme

rR

read *v* lire
really *adv* vraiment
red *adj* rouge
report *n* (*school*) bulletin (scolaire) *m*
right *n* droite *f*
room *n* salle *f*; **dining** ~ salle à manger

sS

sandwich *n* sandwich *m*
Saturday *n* samedi *m*
scare *v* **it scares me** ça me fait peur
science *n* science(s) *fs/fpl.*
Scotland *n* Ecosse *f*
second *adj* deuxième
September *n* septembre *m*
serial *n* (TV) feuilleton *m*
seventy *num* soixante-dix
shoe *n* chaussure *f*
shop *n* magasin *m*
shopping *n* courses *fpl.*
short *adj* court, -e
shower *n* douche *f*
shy *adj* timide
sister *n* sœur *f*
sixty *num* soixante
slice *n* tranche *f*
small *adj* petit, -e
soap *n* savon *m*
sock *n* chaussette *f*
sorry *adj* désolé, -e
Spain *n* Espagne *f*
speak *v* parler
sport(s) *n* sport *m*
sporty *adj* sportif, -ve
station *n* (*underground*) station *f*, (*train*)
  gare *f*
stay *v* rester
stepbrother *n* demi-frère *m*
stepfather *n* beau-père *m*
stepmother *n* belle-mère *f*
stepsister *n* demi-sœur *f*
stick *v* coller
sticker *n* autocollant *m*
strawberry *n* fraise *f*
summer *n* été *m*
sunbathe *v* bronzer
Sunday *n* dimanche *m*
supermarket *n* supermarché *m*
swim *v* nager
swimming pool piscine *f*

tT

take *v* prendre
talkative *adj* bavard, -e
tea *n* thé *m*
technology *n* technologie *f*
then *conj* puis
third *adj* troisième

thousand *num*; **one** ~ mille
Thursday *n* jeudi *m*
ticket *n* billet *m*; (*for bus, tube*) ticket *m*
(**single** ~ aller simple *m*, **return** ~
  aller-retour *m*)
tie *n* (*neck*) cravate *f*
tight *adj* (*size*) juste
till *n* (*in shop*) caisse *f*
time *n* **from** ~ **to** ~ de temps en temps *m*
tin *n* boîte *f*
tired *adj* fatigué, -e
tiring *adj* fatigant, -e
today *adv* aujourd'hui
toiletries *n* articles de toilette *mpl.*
toilets *n* toilettes *fpl.*
tomorrow *adv* demain
toothbrush *n* brosse à dents *f*
toothpaste *n* dentifrice *m*
town *n* ville *f*
toy *n* jouet *m*
train *n* train *m*
tree *n* arbre; **Christmas** ~ sapin *m*
trip *n* voyage *m*
try, try on *v* essayer
tube *n* (*container*) tube *m*; (*transport*)
  métro *m*
Tuesday *n* mardi *m*

uU

ugly *adj* moche
under *prep* sous
underground *n* métro *m*
understand *v* comprendre

vV

variety *n* ~ **show** variétés *fpl.*
vegetable *n* légume *m*
very *adv* très
village *n* village *m*
visit *n* visite *f*

wW

wait *v* or ~ **for** attendre
Wales *n* Pays de Galles *m*
wallet *n* portefeuille *m*
want *v* vouloir
wash *v* laver
washing up *n* vaisselle *f*
wear *v* porter
Wednesday *n* mercredi *m*
week *n* semaine *f*
well *adv* bien
what qu'est-ce que, quoi
when *adv* quand
where *adv* où
which *adj* quel, quelle; *pron* qui, que
white *adj* blanc, blanche
who *pron* qui
why *adv* pourquoi
wide *adj* large
win *v* gagner
with *prep* avec
work *v* travailler *n* travail *m*
work *n* boulot *m*
write *v* écrire

yY

year *n* an, année; **I am 12** j'ai 12 ans
yellow *adj* jaune
yesterday *adv* hier
yoghurt *n* **yaourt** *m*
your *possessive* ton, ta, tes

Vocabulaire pour la classe – Classroom language

Instructions (verbes)	Instructions (verbs)
Ajoute(z)	Add
Cache(z)	Hide
Chante(z)	Sing
Cherche(z)	Look up/for
Choisis(sez)	Choose
Classe(z)	Classify
Commence(z)	Start
Comprendre	To understand
Corrige(z)	Correct
Découpe(z)	Cut out
Décris, décrivez	Describe
Demande(z)	Ask
Dessine(z)	Draw
Devine(z)	Guess
Dis, dites	Say
Donne(z)	Give
Ecoute(z)	Listen (to)
Ecris, écrivez	Write
Enregistre(z)	Record
Epèle, épelez	Spell
Fais, faites	Do, make
Fais correspondre	Match up
Illustre(z)	Illustrate
Joue(z)	Play
Lis, lisez	Read
Montre(z)	Show
Pose(z)	Ask (questions)
Pratique(z)	Practise
Prends, prenez	Take
Recopie(z)	Copy
Regarde(z)	Look at
Réponds, répondez	Answer
Souligne(z)	Underline
Suggère, suggérez	Suggest
Traduis(ez)	Translate
Travaille(z)	Work
Trouve(z)	Find
Utilise(z)	Use
Vérifie(z)	Check

Instructions (autres mots utiles)	Instructions (other useful words)
à l'aide de	with the help of
attention	careful
avec	with
la BD	the comic strip
bon, bonne	good, correct
une bulle	a speech bubble
en caractères gras	in bold
les cartes	the cards
la case	the box
chaque	each
au choix	of your choice
les dessins	the pictures
à deux	in pairs
le dictionnaire	the dictionary
encore	again
une expression	a phrase
faux, fausse	false
le glossaire	the word list
la grille	the grid
l'intrus	the odd one out
un mot	a word
un mot-clé	a key word
les numéros	the numbers
dans l'ordre	in order
un paragraphe	a paragraphe
une phrase	a sentence
ton/ta partenaire	your partner
une réponse	an answer
sans	without
souligné	underlined
à tour de rôle	in turns
la traduction	the translation
vite	quickly
vrai	true

Pour parler au professeur	Talking to the teacher
What is 'pen' in French?	'Pen', c'est quoi en français?
What is it in English?	C'est quoi en anglais?
How do you spell it?	Ça s'écrit comment?
What exercise is it?	C'est quel exercice?
What page is it?	C'est quelle page?
I don't understand	Je ne comprends pas
I can't hear	Je n'entends pas
I have forgotten my book/ my exercise book	J'ai oublié mon livre/ mon cahier
I've finished	J'ai fini
Paul is annoying me	Paul m'embête
May I move?	Je peux changer de place?
May I go to the toilets?	Je peux aller aux toilettes?
Pardon?	Comment?
Would you repeat?	Vous pouvez répéter?
Would you explain?	Vous pouvez expliquer?
When is it for?	C'est pour quand?
Who am I working with?	Je travaille avec qui?

Unité 3   **7**   page 61

B

_____	Informations
6h40	_____
_____	Jeu-télé
7h35	_____
8h	_____
_____	Documentaire
_____	Variétés
10h10	_____

Unité 4   **3**   page 78

Agenda B

vendredi	–	5h00	(1)
		7h30	centre sportif
samedi	–	9h30	(2)
		12h00	café
		1h45	(3)
		4h30	club des jeunes
		8h30	(4)
dimanche	–	10h15	zoo
		1h30	(5)
		4h45	patinoire

Unité 5   **4**   page 115

Rôle B

		🎫	💰	🍽	départ	arrivée	quai
1	Toulon	a	437f	b	18h10	c	n° 2
2	Aurillac	aller-retour	d	oui	e	19h52	f
3	Bordeaux	g	175f50	h	14h08	i	n° 1
4	Vesoul	aller simple	j	non	k	12h07	l